Estaba preparado para todo menos para ti

Albert Espinosa (Barcelona, 1973). Actor, director, guionista e ingeniero industrial. Es creador de las películas *Planta 4.ª*, *Va a ser que nadie es perfecto*, *Tu vida en 65'*, *No me pidas que te bese porque te besaré* y *Live is life*. Asimismo, es creador y guionista de la serie *Pulseras rojas*, basada en su libro *El mundo amarillo* y en su lucha contra el cáncer, y de la serie *Los espabilados*, inspirada en su libro *Lo que te diré cuando te vuelva a ver*.
El total de su obra literaria se ha publicado en más de 40 países con más de 2.500.000 ejemplares vendidos en todo el mundo.

Para más información, visita la página web del autor: www.albertespinosa.com

También puedes seguir a Albert Espinosa en Facebook, Twitter e Instagram:
Albert Espinosa
@espinosa_albert
@albertespinosapuig

Biblioteca

ALBERT ESPINOSA

Estaba preparado para todo menos para ti

DEBOLS!LLO

Papel certificado por el Forest Stewardship Council®

MIXTO
Papel procedente de fuentes responsables
FSC® C117695
FSC www.fsc.org

Penguin Random House Grupo Editorial

Primera edición en Debolsillo: febrero de 2023

Printed in Spain – Impreso en España

ISBN: 978-84-663-6221-4
Depósito legal: B-22.348-2022

Compuesto en Comptex & Ass., S. L.
Impreso en Gómez Aparicio, S. L.
Casarrubuelos (Madrid)

P 3 6 2 2 1 4

Lo importante en esta vida no lo enseñan,
pero cuando lo aprendes, no lo olvidas

ÍNDICE

¿Qué es este libro? 13
El poema que da sentido a todo 25
Los dos caminos: el silencioso
y el ruidoso 31

23 SOPLOS
EMOCIONALES

Primer soplo:
Confía en tus amarillos 41
Segundo soplo:
No se puede vivir ni con miedo ni con odio . . 49
Tercer soplo:
Tu yo anterior es más inteligente que tú 59
Cuarto soplo:
El redoble 67

Quinto soplo:
Los círculos y los pozos 73
Sexto soplo:
Ten una segunda vida 83
Séptimo soplo:
Crea tu orquesta de almas sonoras 93
Octavo soplo:
Los libros siempre te salvarán 101
Noveno soplo:
Empaqueta tu pasado 111
Décimo soplo:
Los binomios de la alegría 119
Undécimo soplo:
Ama tu caos 127
Duodécimo soplo:
La otra orilla 135
Decimotercer soplo:
Las casualidades increíbles 145
Decimocuarto soplo:
Lugares que no quiero pero necesito 153
Decimoquinto soplo:
Encuentra tu atmósfera ideal de creación 159
Decimosexto soplo:
O entramos todos o no entra nadie 167
Decimoséptimo soplo:
Cada seis años cambiará tu vida 177

Decimoctavo soplo:
Estaba preparado para todo menos para ti 187
Decimonoveno soplo:
Ser cascabel 193
Vigésimo soplo:
Desarmarte para rearmarte 199
Vigesimoprimer soplo:
COVID, el aprendizaje tras la pandemia 209
Vigesimosegundo soplo:
Adelantarse a las crisis 217
Vigesimotercer soplo:
¿Qué hay después? 223

SOPLOS VISUALES, LITERARIOS Y SONOROS

Películas y series con soplo insertado 235
Canciones con mucho soplo 239
Soplos con forma de obras de arte 243
Libros con soplo 247

UNA FÁBULA CON SOPLO DENTRO

Tu mundo, mi Universo 255

Epílogo 261
Tus soplos personales 265

¿QUÉ ES ESTE LIBRO?

Éste es un libro salvaheridas, no tiene otra definición. Me gusta la palabra «salvaheridas». Sé que no existe, pero me la inventé un día porque a veces no necesitas que te salven la vida pero sí que te curen la herida. No deberían existir sólo los salvavidas, sino muchos salvaheridas. Siempre he pensado que debería haber más socorristas en tierra que en el agua porque allá es donde hay más problemas.

Recuerdo las tiritas que me ponía mi madre en las heridas cuando me caía de la bicicleta, pero lo que realmente me curaba era su soplo perfecto en la piel lastimada. Siempre he creído que los soplos son curativos. Soplas cuando cumples años y los deseos se hacen realidad; te soplan en una herida y te duele menos, e incluso hay soplos en forma de susurro que te desvelan secretos o te ayudan cuando estás en encrucijadas.

Es por ello por lo que he decidido que éste sea un libro de soplos vitales que te ayuden a sanar las heridas. Aquí encontrarás los mejores soplos que conozco para evitar que te duela algo y te los susurro para que te ayuden a curarte. No es un libro de autoayuda, tampoco es una biografía ni una enciclopedia sobre nada. Además, está escrito en letra grande y con un interlineado generoso porque no dejo de pensar en toda la gente que no puede leer las letras minúsculas y los párrafos tan juntos. Mi madre es una de estas personas y siempre he amado que ella pueda leer mis libros.

Es un botiquín de soplos energéticos para muchos males y, sobre todo, para el alma, y quiero que lo uséis cuando lo necesitéis. A mí todos estos soplos emocionales que os relato me han servido y sé que me servirán en un futuro.

Cuando sufres, estás muy solo. Cuando estás muy solo, estás muy perdido. Siempre he creído que se necesitan las palabras de otro para sanarte. Eso se puede conseguir conversando a pulmón abierto con alguien de confianza y que desee escucharte. Y no te haré ningún *spoiler* si te digo que en este mundo no hay mucha gente dispuesta ni a lo uno ni a lo otro.

He intentado depositar en estas páginas toda mi experiencia y también todo lo que he aprendido de mucha gente cercana y de desconocidos que han decidido contarme su sabiduría; unas veces por motivación propia y otras porque yo mismo lo he solicitado. Por lo tanto, este libro no deja de ser los secretos, la sabiduría y la energía que se desprende de los amarillos con los que he coincidido en mi vida.

Este libro lo he escrito con la esperanza de que alguno de estos soplos os active la ilusión, os aleje de ese problema que ahora tenéis y os devuelva a la senda de la alegría si os encontráis en ese duro instante vital.

Odio no poder ayudar a la gente que sufre, que le duele el alma y que está sola. El dolor es la emoción suprema, este momento que vivís ahora es único. Olvidad el ruido, creed en vosotros, no necesitáis nada más para salir de ese pozo. No os abandonéis ni os hagáis adictos a la tristeza, porque ese sentimiento desaparecerá.

Este libro repleto de soplos intenta conectar con todos los que sufren, pero también, y sobre todo, con los que estáis bien pero necesitáis un pequeño empujón para salir de vuestras rutinas o encontrar ese camino que perdisteis.

También es un libro con vocación de ayudaros en un futuro. Quizá ahora no lo necesitéis, pero un día os puede echar una mano.

Este libro no os curará, porque eso es imposible, pero sí creo que os ayudará a sanar con alguno de los soplos emocionales que utilicéis, o al menos logrará que vuestro dolor no se infecte o escueza más.

Aún no sé cómo se titulará; muchos títulos me pasan por la mente: *Todo saldrá bien aunque salga mal*, *Libro salvaheridas* o *Aísla tu ruido*. Mientras escribo este prólogo no existe el título, pero cuando lo leáis, ya estará claro y decidido. Habréis viajado hacia el futuro sin saberlo. Esa magia también se produce al dormir, cuando viajas al futuro diariamente, a la velocidad que desees: cinco, ocho o doce horas al día. Y lo más curioso es que no le damos valor a ese maravilloso viaje en el tiempo.

También me gusta como título *La otra orilla*. ¿Sabéis?, cuando yo necesito escapar, pienso en mi otra orilla. Ya os contaré sobre ello más tarde. Mi otra orilla es el mundo imaginario que me mostró un gran amigo hace ya bastante tiempo. Yo tenía catorce años, estaba enfermo de cáncer y, siempre que quería, me iba a mi otra orilla y me sentía muy libre. Era todo un juego que se inventó un chico muy valiente del que os hablaré y que revolucionó mi mundo. Aún ahora sigo marchando a esa otra orilla y construyo a mi gusto esa isla. Pero ya os hablaré de esa orilla en uno de los soplos, no nos avancemos.

Una cosa que jamás os he dicho es la suerte que tengo de contar con vosotros, lectores míos.

Un amigo que me acompaña a muchas de mis firmas siempre me dice: «Tus lectores son buenas personas, gente muy confiable y honesta». Me parece un increíble piropo que os hace grandes a vosotros, no a mí.

Y tiene tanta razón... Yo confío mucho en vosotros, sois muy especiales. Gracias por existir. Os puedo asegurar que si un día tuviera un grave problema, os lo contaría a alguno de vosotros porque sé que me ayudaríais.

He querido escribir este libro ahora porque sé

que el día que muera mi madre entraré en un dolor tremendo, será una muerte difícil de superar. Y sé que ese día llegará tarde o temprano. Pienso en cómo reaccionaré, cómo lograré salir del pozo, a quién pediré ayuda, qué leeré y también a qué amarillo de vosotros buscaré para que me ayude a sanar.

Y ésa es una de las razones para escribir este libro, porque sé que ahora, desde este momento de calma, puedo crear todos estos soplos convencido de que alguno me aliviará. Así que hay una parte egoísta de que un día este mismo libro que escribo me sane a mí mismo. Y si no me sana el libro, sé a ciencia cierta que alguno de vosotros lo hará.

De todas esas sensaciones nace este libro. Es un libro repleto de soplos para el alma y para cualquier dolor. No está mal este título: *Soplos para el alma*. No lo descarto.

Mientras duraba el confinamiento por la COVID, pensaba en la necesidad de crear un libro que pudiera ayudar a las personas en los momentos complicados. ¿Cuántos habrán perdido durante la pandemia la salud mental, les habrá trastocado el miedo o habrán pensado que todo estaba perdido? Aunque en realidad nada de eso era totalmente cierto, son percepciones que si se las comunicas al amarillo adecuado, encontrarás un soplo emocional perfecto para poder seguir adelante.

Como siempre me gusta decir: «La inteligencia es un don y la bondad, una elección». Y yo siempre he creído en poner el ojo en lo bueno aun sabiendo que el dolor y lo inesperado te sacudirán y hasta te dejarán de rodillas. Te golpean, pero nunca te noquean del todo. Siempre puedes volver a levantarte si sabes cómo hacerlo. Y eso es lo que intentaré contaros aquí.

Este libro repleto de soplos es el que me hubiera gustado encontrar en momentos complicados de mi vida, y me tuve que conformar con frases subrayadas en otras películas, canciones, obras de arte y libros repletos de soplos que curaron parcialmente mi alma y mi dolor.

Al final os daré también, ahora que lo pienso, una lista de mis películas, canciones, obras de arte y libros repletos de soplos porque quiero dotaros de todas las herramientas posibles para sanar.

Sólo que os sirva un soplo en un momento concreto, os servirá para siempre, porque os activará y os conectará con los anticuerpos de dolor.

Hace años grabé una charla en *Aprendemos juntos* que tuvo más de ocho millones de visionados y mucha gente que la vio sintió algo especial. Me dejó muy sorprendido porque sólo era yo contando mi historia y mis soplos. Me llegaron muchos mensajes de miles de personas explicándome lo que habían sentido con aquellas palabras, y quizá fue mientras recibía toda aquella energía que pensé que debía crear un libro repleto de soplos que divirtiera a la gente, que la hiciera sentir y que lo tuviera cerca, en la mesita, cuando necesitara palabras en forma de soplos, o que se lo pudiera regalar a alguien que apreciara y que estuviera pasando por un mal momento.

Lo de soplos, como os he explicado que hacía mi madre en mis heridas, es porque no os curaré. Sería demasiado presuntuoso por mi parte pensar que lo haré, pero quizá sí logre que os duela un poco menos y que esa herida no roce más contra vuestra propia alma.

Y no, lo aclaro de nuevo, este libro no es un libro de autoayuda, aunque seguro que me ayuda a mí mismo a conocerme más. Ni tampoco me siento un tipo muy inteligente con todas las respuestas; tan sólo quiero crear un libro a través de mis soplos personales para que os active las vuestras propias.

También tengo claro que quiero que este libro esté ilustrado, que tenga bellos dibujos que te lleven de un soplo a otro, y deseo que los haga mi amarilla Vero Navarro, porque sus creaciones son curativas y su lápiz es un bisturí que te hace sonreír. Gracias, Vero, por esta tercera colaboración. Siempre he pensado que me lees la mente de una manera que no lo hace nadie más y transformas mi mundo de un modo que siempre me deja boquiabierto. Espero y deseo que este prólogo ya posea tu medicina en forma de ilustraciones. Me lo imagino y ya sonrío.

Hoy empiezo a escribir esta historia con la canción en bucle *Aquellos ojos verdes* de Nat King Cole (si quieres buscarla, te espero a que la pongas).

Siempre me ha dado la sensación de que es una canción que te sopla en las heridas. Habla de unos ojos que no fueron jamás tuyos pero que te curaron de tantas cosas y te inspiraron. Esta canción me parece tan maravillosa que siempre me saca de pequeños pozos y no puedo dejar de escucharla en bucle. Sí, hay canciones que te soplan las heridas. También hay ojos y hasta cuerpos que te sanan. La belleza que te inspira es siempre un soplo de alegría muy útil e intenso para escapar de pozos profundos.

Este libro es un viaje para mí y para vosotros, se convertirá en el undécimo que escribo y en él deseo sincerarme mucho. Ya tenemos un equipo de fútbol con once libros. El portero siempre será *El mundo amarillo* y éste será el delantero centro, que, si todo va bien, saldrá en octubre de 2021.

Hoy empiezo este nuevo libro. Es la 1.56 del día 1 de enero de 2021. No deseaba escribir ni una sola letra en el año 2020, creo que todos deseábamos dejarlo atrás de una vez, aunque tan sólo fuera por sentir ese olor de año recién estrenado.

Justo antes de empezar he escrito en Twitter una reflexión de *El mundo amarillo*: «Si crees en los sueños, ellos se crearán. El creer y el crear están a una letra de distancia... Quizá también pase así con los años y una cifra lo cambie todo». No recuerdo cuándo pensé esta frase sobre el creer y el crear, casi nunca recuerdo cómo me vienen las ideas, diría que se hilvanan solas. Esta frase es una de mis favoritas porque me parece escrita por otro y siempre me conecta con mis sueños.

Me gustaría encontrar también un buen subtítulo para este libro. Me gusta *La luz atrae a los lobos*, pero también me agrada *La sabiduría de los amarillos* porque creo que dentro de este libro hay mucho de esa sabiduría que han depositado en mí tantos amarillos.

Al fin y al cabo este libro tiene bastante que ver con *El mundo amarillo*. En aquel primer libro contaba mi experiencia del cáncer aplicada a la vida. Todas aquellas enseñanzas que aprendí cuando estuve enfermo de cáncer y que me siguen sirviendo para vivir. Pero con los años, mientras vivía sin cáncer, aparecieron un montón de enseñanzas nuevas que me regaló el estar curado, y supongo que, de alguna manera, este libro es una continuación del otro, aunque se nutra de ambos mundos. Os puedo asegurar que hasta ahora no lo había pensado.

Espero que este libro repleto de soplos os guste.

Si entráis en las siguientes páginas, sois bienvenidos para utilizarlo como deseéis.

Os quiero y os admiro, lectores míos, amarillos de tinta impresa.

Gracias por cuidarme siempre tanto y enviarme tanta energía positiva. Siempre la recibo y sonrío de felicidad. Espero que este año os pueda firmar mi libro de soplos y volvamos a abrazarnos. Necesito vuestros abrazos de gol que taladran mi alma y que hacen que sienta vuestro corazón contra el mío.

ALBERT

Barcelona, 2021

EL POEMA QUE DA SENTIDO A TODO

Así como en *El mundo amarillo* utilicé un poema del maestro Gabriel Celaya, un ingeniero industrial y poeta que admiro desde el instante en que descubrí que estudiamos la misma carrera y sentí cómo me emocionaba cada una de sus rimas.

En este libro deseo usar otro de mis poemas favoritos. Podría ser aquél del que me enamoré cuando tenía veinte años y disfruté por primera vez en *El club de los poetas muertos*. Os puedo asegurar que esa película me cambió la vida y si alguien me dice que no le gusta, no dejo que entre en mi vida porque ya sé que tendremos poco en común.

Yo siempre he creído que hay que vigilar a quién dejas entrar en tu vida. No todo el mundo es merecedor de entrar en tu vida porque, una vez que acceden, es muy difícil sacarlos. Hay gente que sólo vive para que su ruido te inunde; a ésos jamás debes dejarlos pasar, porque si lo haces, puedes acabar contaminado.

El poema que habría sido perfecto y que aparece en *El club de los poetas muertos* es «El camino no elegido», de Robert Frost. Hubiera sido una buena elección porque habla de dos caminos que divergen y cómo debes escoger el menos transitado de los dos. Versa sobre la diferencia, sobre comprender que te han de gustar tus decisiones.

Pero quizá este poema no sea el menos transitado por ser muy conocido. Así que he tomado otro rumbo y me he decidido por «Defensa de la alegría», del maestro Mario Benedetti, que años más tarde Joan Manuel Serrat musicalizó.

Ese poema me parece que define a la perfección de lo que va este libro, porque es importante saber el motivo de que deseemos curarnos las heridas y sentir uno de esos soplos sanadores cerca. Y para mí la razón principal es para defender la alegría, no la felicidad, no el amor, no el trabajo, sino la alegría.

Vivir la vida con alegría es muy importante. Esa palabra en inglés, *joy*, me parece tan seductora y tan intensa que si además la unes con la nuestra, te queda una «joyalegría» que demuestra toda la riqueza que se desprende de esa emoción.

A mi madre la definiría como una de las personas más alegres que conozco. La gente que más me gusta rezuma esa auténtica joya que es la alegría intensa permanente.

Creo que la alegría es algo muy diferente a la felicidad, porque la felicidad son ciclos temperamentales, en cambio la alegría puede ser un rasgo de personalidad diario.

Yo siempre fui un niño alegre, veía el lado positivo de todo. Incluso durante mi adolescencia marcada por los cánceres, jamás olvidé la importancia de la alegría.

Pero cuando me convertí en adulto, vi el peligro de perderla porque debes defenderla cada día. Es por eso por lo que con este libro deseo ayudarte a defender la alegría, con todas las armas y con todos los soplos emocionales que te proporcionaré. Pero no cualquier alegría, sino la tuya propia, que siempre será diferente a la de cualquier otro.

Os dejo a continuación el poema de Mario Benedetti, espero que lo disfrutéis mucho. Y si deseáis buscar la canción de Serrat antes de seguir leyendo, hacedlo tranquilos, que yo os espero en la página siguiente.

Defensa de la alegría
de Mario Benedetti

Defender la alegría como una trinchera
defenderla del escándalo y la rutina
de la miseria y los miserables
de las ausencias transitorias
y las definitivas

Defender la alegría como un principio
defenderla del pasmo y las pesadillas
de los neutrales y de los neutrones
de las dulces infamias
y los graves diagnósticos

Defender la alegría como una bandera
defenderla del rayo y la melancolía
de los ingenuos y de los canallas
de la retórica y los paros cardiacos
de las endemias y las academias

Defender la alegría como un destino
defenderla del fuego y de los bomberos
de los suicidas y los homicidas
de las vacaciones y del agobio
de la obligación de estar alegres

Defender la alegría como una certeza
defenderla del óxido y la roña
de la famosa pátina del tiempo
del relente y del oportunismo
de los proxenetas de la risa

Defender la alegría como un derecho
defenderla de dios y del invierno
de las mayúsculas y de la muerte
de los apellidos y las lástimas
del azar
y también de la alegría.

LOS DOS CAMINOS: EL SILENCIOSO Y EL RUIDOSO

Ya sabemos el sentido del libro, lo que deseamos conseguir con él, pero ahora quiero hablaros de las personas que nos originarán las heridas, de los que nos debemos defender.

Las heridas no surgen porque sí; tomes el camino que tomes, aunque sea el menos transitado que recomendaba Frost, siempre te toparás con estos seres.

En cualquier edad de tu vida, en cualquier instante vital, ellos aparecerán. A veces seremos nosotros mismos quienes nos provoquemos esas heridas, pero casi siempre se deberá a habernos relacionado con esas personas.

En *El mundo amarillo* hablaba de los amarillos, de esas 23 personas que conoces un día en cualquier lugar y que cambian tu vida con una mirada o con una frase. Esos increíbles desconocidos que puedes abrazar y que son una mezcla entre el amor y la amistad.

Quince años más tarde debo hablaros de los «ruidosos», porque también existen y son los que nos provocarán el dolor. No son personas, son ruido. Y lo peor que se puede hacer es intentar conversar con ellos. ¿Intentarías conversar con el ruido para que deje de serlo? Es imposible. Tú gritarás, él gritará más, y el ruido siempre vencerá porque logrará que tú acabes convirtiéndote en ruido.

Durante años, mucha gente me ha escrito y me ha hablado de personas que les han hecho daño, que les han traicionado, o de seres cercanos que les han abandonado. Y enseguida sentía que hablaban de esas personas que son puro ruido.

Este soplo inicial es quizá el más importante con el que quiero empezar. Contra «el ruido humano» no hay nada que hacer. Hay que aislarse de él. Apartarse, poner tierra por medio, no perder la compostura y saber que has tenido la mala suerte de tropezar con ruido.

Los ruidos están vacíos, es por ello por lo que resuenan tanto. El ruido odia cualquier norma y sólo ama el ruido, casi siempre el suyo propio en forma de su voz y de sus actos.

Los ruidos se notaron, sobre todo, con el coronavirus. Ellos fueron los que decidieron salir sin mascarilla, reunirse saltándose cualquier norma, ir de fiesta... Pero ya eran los mismos que se saltaban los límites de velocidad cuando iban en coche, los que fumaban en lugares prohibidos y los que hacían *bullying* de pequeños en el colegio. Los ruidos no mejoran, sólo aumentan de decibelios.

Ciertamente estaréis pensando cómo se convierte alguien en ruido. Pues porque están vacíos. Disfrutan humillando y creando nuevo ruido a su alrededor; ése es su propósito, que tú te conviertas en ruido, que pierdas los nervios, que grites, que abandones tus valores.

Y eso lo consiguen creando dolor, haciendo que tu dolor te obligue a chillar y a transformarte en ruido. Disfrutan aplacando a la gente buena y honesta, dejándola silenciosa, sin motivación, triste y sin voz. Pisoteada, dolorida y culpable. Todo eso necesita el ruido para llevarse la victoria plena.

¿El ruido son personas? No, no lo son. Jamás he visto a una persona ruido y he pensado que es una persona. Es un sonido molesto que desea crisparte.

¿Las personas ruidos se pueden silenciar? Sí, claro, convirtiéndote en ruido. Una persona ruidosa puede aplacar a otra.

Intentar sanar a una persona ruidosa es imposible, es un caso perdido.

Cosa distinta es si te has convertido en ruido para luchar contra otro ruido. Entonces sí que tienes solución porque no hubo placer y fue en defensa propia. Puedes revertirte, y te aconsejo que lo hagas abandonando la relación con esa persona ruidosa que te convirtió.

Otro caso diferente son los niños ruidosos, que aprenden de un adulto estropeado y ruidoso. Ellos también tienen solución y aún es posible bajarles los decibelios y arreglarlos si conseguimos crearles una buena coraza que los aísle del ruido.

Nunca he dejado que una persona con forma de ruido pueda conmigo. Es cierto que es imposible evitarlos, te los encuentras o te encuentran. Siempre te harán un poco de daño, te ensordecerán y acabarás un poco débil. Pero con la práctica, logras sortearlos y olerlos rápidamente. Cuando aceptas que no es una persona, sino un ruido, entonces todo cambia, porque al ruido se le puede ignorar.

Sé que muchos y muchas de los que me leéis, estáis ahora hundidos, deprimidos o tocados por ruidos que os han aplacado. Otros habéis tenido que convertiros en ruido para contrarrestarlos. Todo se soluciona sabiendo que no han sido personas, sino ruido lo que os ha afectado.

He conocido niños ruidosos, adolescentes muy ruidosos y adultos totalmente repletos de ruido. Son odiosos y molestos, pero sobre todo hay que recordar que son ruido.

Hay asesinos, dictadores, violadores, maltratadores repletos de ruido, es fácil saber que lo son, pero también hay maridos, mujeres, hijos, jefes, compañeros, parejas, padres y amigos que son puro ruido pero no cometen ningún acto delictivo, excepto emitir cada día ruido contra los más débiles.

Sí, lo sé. ¿Y el castigo para esos que emiten ruido? No, amigos amarillos, no acostumbran a recibirlo. Pero hay algo mejor que el castigo, y es nuestro desprecio, nuestra absoluta tranquilidad, y además existe un arma perfecta: explicarles a otros que esa persona es ruido molesto y nocivo, avisar a otros de la existencia de los ruidos. Y es que la luz atrae a los lobos ruidosos. Cuanta más luz irradies, más ruido se acercará a ti. Luego os hablaré más de esto en un soplo.

Jamás podrás saber si alguien es ruidoso o no porque es algo que no se ve a simple vista o que van proclamando a los cuatro vientos. Gente que parece maravillosa, con el tiempo te darás cuenta de cómo su ruido te inunda.

No hay otra posibilidad que alejarse de ellos en esta vida, enfrentarse, si es necesario, con todos los instrumentos que la ley te permita. Pero con los ruidosos, cuanto más lejos, mejor; ésa es la única forma de defender nuestra joya en forma de alegría.

No es tu culpa, eso no lo debes olvidar, no es tu culpa que el ruido sea tu madre o tu padre, tu hermano, tu novio o tu amiga. Simplemente debes apartarte del ruido y no deben conseguir robarte tu esencia y tu luz.

Una vez identificado el ruido del que nos defendemos, iremos con los soplos que os pueden ayudar a sanar las heridas que ya os han provocado.

Como veréis, son soplos que tendrán muchas formas, y al inspirarlas, al olerlas y al comprenderlas, podréis comenzar a sanar.

Espero que algunas os activen la alegría. Veréis que hay 23, mi número fetiche desde *El mundo amarillo*.

Coge la tijera y hazlas a tu medida. Y, sobre todo, disfruta.

23 SOPLOS EMOCIONALES

PRIMER SOPLO:

CONFÍA EN TUS AMARILLOS

«Sé bondadoso con la gente cuando subas porque los encontrarás a todos cuando bajes.»

WILSON MIZNER

Obviamente, después de los ruidosos quería hablar de su némesis, los amarillos, la luz en forma de personas.

Quizá alguno ya los conozcáis de *El mundo amarillo* y, si no, os invito a leer mi primer libro cuando acabéis éste y a adentraros más profundamente en los amarillos, si os apetece.

Los amarillos son los mejores soplos en forma de persona. Si tienes uno cerca, tu mundo será mucho más sencillo y tu dolor encontrará rápidamente la sanación.

Los amarillos son esas personas entre el amor y la amistad que te puedes encontrar un día cualquiera en un aeropuerto, en la calle, en un bar o en internet y con las que conectas automáticamente.

Los amarillos están entre el amor y la amistad. Los puedes abrazar, porque el contacto físico no debe ser algo único de la pareja.

Hay 23 amarillos en la vida de una persona y existen las trazas amarillas para poder darte cuenta de que estás delante de uno de esos seres de luz. Ese detalle físico, ese color de piel, esa extraña forma en que pasa las páginas de un libro, ese olor que no proviene de ningún perfume, sino de su propia alma o de su temperatura corporal... Todo eso son detalles que el Universo te proporcionará para encontrar tus amarillos.

Son personas en forma de soplo que siempre están emocionalmente cerca pero que no necesitan ser regados diariamente ni unirlos a través de un vínculo de amor, amistad o familia.

Poca gente entenderá qué sois porque no se puede explicar con palabras; se basa en una energía brutal conjunta creada por vosotros.

Los amarillos escuchan como nadie, abrazan de una manera especial y sientes como si alguien hubiera creado esas personas que te resultan tan especiales para que puedas superar tus pequeños miedos.

Ser un amarillo de otra persona es uno de esos grandes honores de esta vida porque te está concediendo una categoría especial y exclusiva.

Los amarillos también definen tu personalidad, son una prolongación de cómo ves el mundo. Si tienes amarillos, sin duda tienes soplos emocionales al alcance de la mano y todo te será más fácil para curarte cuando lo necesites.

Yo creo poco en la amistad. Normalmente la amistad está limitada a un contexto de una época determinada de tu ciclo vital. Los amigos se pierden por fases de tu vida. Perder un amigo jamás es algo triste porque significa que estás evolucionando. Es como llorar por el cambio de hojas de una planta en cada estación. Forma parte de su proceso y los amigos han de ser también así, parte de tu proceso para mejorarte y mejoraros.

Dejar amigos es lo mejor que puedes hacer si notas que tu vida no funciona, porque al final a alguien lo definen las seis personas que tiene más cercanas.

Ellas acaban ponderando tu carácter, tu alegría y, sobre todo, la forma en la que te enfrentas al mundo. Por eso siempre intento abandonar a alguno de mis amigos cuando noto que deseo cambiar y siento que esa persona en concreto me tiene demasiado tipificado.

Uno sólo cambia si cambia a alguna de sus seis personas cercanas. Un amigo mío siempre dice: «Todo cambia pero nadie cambia». Y tiene razón. Pero si cambias tu entorno, eso al final produce un cambio en ti. No tengas miedo a cambiar, no tengas miedo a abandonar; por doloroso que parezca, en realidad no lo será: tras el abandono llega la felicidad y la alegría.

Los amarillos no pertenecen a ningún ciclo vital concreto. No hay fidelidad, no hay amistad, no hay sexo y no hay compromiso. Pero en realidad está todo ahí: fidelidad, amistad, sexo y compromiso. Con un amarillo te une un hilo invisible, de un color intenso, y que nadie puede cortar porque lo que no entienden son incapaces de destruirlo.

Soy un gran defensor de los amarillos como soplos emocionales. Si tienes uno cerca ahora, puede que él te sane, y si no es así, búscalo, porque es importante que lo tengas en tu botiquín.

Y cuando lo tengas, cuéntale tu dolor, explícale tu problema, ábrete en canal. Eso es lo principal.

Ábrete y vacíate. Y la magia se producirá al instante. Créeme.

SEGUNDO SOPLO:

NO SE PUEDE VIVIR NI CON MIEDO NI CON ODIO

«El mayor peligro para
muchos de nosotros
no es que nuestra meta
sea demasiado alta y
no la alcancemos, sino
que sea demasiado baja
y la consigamos.»

MIGUEL ÁNGEL

Muchos debéis estar sufriendo ahora mismo problemas generados por un ruidoso que será un familiar, una pareja o un amigo que todavía sigue en vuestro entorno.

Creo que es importante contaros una frase que aprendí en Texel, una bella isla holandesa donde todo va a otra velocidad. Posee lugares increíbles que definen el espíritu de esa comunidad; por ejemplo, un refugio para animales que necesitan curarse y un museo donde sólo hay objetos que han recogido en sus costas. El día que yo fui me topé con una foca medio ciega que estaba repleta de amor y que lamía con ternura a cualquiera que quisiera tocarla. Estoy convencido de que sabía que si volvía a recuperar la visión, retornaría a surcar las olas.

Yo fui a esa curiosa isla para ver el rodaje de la secuencia final de la tercera temporada de la versión alemana de *Pulseras rojas*.

Creo que es bueno contaros la suerte que he vivido con *Pulseras rojas*. Ha sido uno de esos sueños increíbles donde creer y crear se han solapado de manera increíble.

La verdad es que la serie nació, como tantas cosas en mi vida, de una pérdida.

Yo acababa de estrenar una película, la primera como director, que se llama *No me pidas que te bese porque te besaré*, una bella historia sobre el poder de las diferencias. Una chica especial ayudaba a un chico perdido que dudaba sobre cuál era su camino en la vida (de nuevo el concepto de los amarillos, esta vez en su vertiente cinematográfica).

Me encantaba esa historia y resumía a la perfección el poder de la gente con diferencias. Nunca me han gustado las palabras peyorativas como «deficiencia mental». Siempre he creído que esos chicos están dotados de una energía diferente y poderosa. Tampoco me gustan las palabras «autista» y «Down», me gusta «especiales» porque te hacen sentir muy especial cuando estás a su lado.

Recuerdo que una chica Down me dijo un día que seguramente Dios era Down, porque si nos había hecho a su imagen y semejanza, eso implicaba que él lo era y que seguramente le salían pocos como ella a su imagen, mientras que el resto le salían diferentes. Me entusiasma esa chica, creo que su manera de pensar aporta luz al mundo.

Pues a lo que iba, acababa de estrenar *No me pidas que te bese* y el primer fin de semana me dijeron que no había ido bien en taquilla. Estas cosas pasan. Luego la película tuvo una vida muy amplia en las redes, los pases televisivos y los miles de DVD vendidos. Pero en aquel momento fue una pérdida por lo inesperado. Y lo primero que pensé fue que debía transformar esa pérdida en una ganancia, supe que tenía que estar atento porque aquello era una señal para estar abierto a lo que me llegaría.

Días más tarde me ofrecieron crear una serie televisiva, y así nació *Pulseras rojas.* Si hubiera funcionado aquella peli en taquilla, nunca habría hecho esa serie que cambió mi vida.

Y a partir de ahí, todo lo bueno que pasó: un rodaje fantástico, audiencia, premios y decenas de países emitiendo nuestra versión y la adaptada. Ganamos dos Emmys por la versión catalana y la alemana y ha sido la serie con más *remakes* en los últimos cinco años en el mundo. Sin duda, uno de los momentos álgidos fue la versión americana que hizo Steven Spielberg.

Y todo nació de comprender que tras una hipotética mala noticia siempre hay una buena agazapada. Sigo pensando que *No me pidas* tiene mucha magia, y lo demuestra todo lo que me trajo bajo su brazo.

A lo que iba: ahí estaba, en Texel, mirando esa escena final de la tercera temporada de la bella versión alemana de *Pulseras rojas*, mi preferida de todas las adaptaciones.

Y allá sentado en las dunas de esa costa que acoge todo lo que llega sin preocupar el estado, me puse a conversar con una mujer que tenía a su cargo un pequeño chiringuito de playa y observaba con mucho interés la secuencia. Hablaba un castellano casi perfecto y me contó que siempre había soñado con ser actriz, pero que el amor le trajo algo mejor: un nuevo hogar y felicidad en forma de una persona que amaba y con la que compartió ese pequeño negocio que se había convertido en su pasión.

Supe que algo bueno iba a pasar; aquel día yo estaba empaquetando diez años de *Pulseras rojas* y presentía que el Universo me regalaría algo. Empaquetar recuerdos, personas o deseos siempre te aporta una sorpresa en forma de un camino nuevo.

Y fue en ese instante cuando aquella apasionante mujer dijo esa frase que tantas veces he pensado que refleja una de las grandes verdades que aprendes viviendo.

Ella me relataba parte de una vida dura y compli cada pero sin reproches, y me dijo: «No se puede vivir en este mundo con miedo o con odio. Si detecto miedo u odio en mí, lo aparco inmediatamente. Esos dos sentimientos te consumen si los alimentas, te van matando internamente poco a poco. Es como implantarse la semilla de una enfermedad que acabará con uno mismo y jamás con la persona odiada o con el miedo temido».

Aquella bella mujer no dejaba de hacer nada en la vida por miedo u odio. Y mientras se ponía el sol y los actores comenzaban la secuencia final, me dio otro soplo perfecto que sabía que algún día aplicaría: «Lo mejor es alejarse un poco. Si miras la vida de cerca, nada tiene sentido; si te alejas, todo comienza a tener otro color. Hay que recordar lo que hacen los niños, que miran poco para dentro y mucho para fuera, y en cambio los adultos, mucho para dentro y poco para fuera».

Le pedí si me regalaba esos pensamientos para un libro que estaba escribiendo en esos momentos, *Lo mejor de ir es volver.*

Yo siempre pido nombres, historias, adjetivos y teorías que me asombran. Y he tenido la suerte de que me las regalen. Le ofrecí, a cambio de su regalo, si quería salir en la última secuencia de la serie.

Se lo pensó unos minutos y finalmente dijo que sí.

Volvió a actuar después de decenas de años sin ponerse delante de una cámara y supe que ella le daría a aquella secuencia final una verdad única que, de lo contrario, jamás hubiera poseído.

«No se puede vivir ni con miedo ni con odio.» Ese soplo me ha ayudado mucho porque son dos sentimientos que debo desechar para que no me contaminen.

Siempre he creído que la gente te odia por no poder manipularte, con lo cual que alguien te odie es un símbolo de tu propia libertad y autonomía. No lo olvides jamás.

TERCER SOPLO:

TU YO ANTERIOR ES MÁS INTELIGENTE QUE TÚ

«Nadie se baña en
el mismo río por dos
veces porque todo
cambia en el río y
en el que se baña.»

HERÁCLITO

Este soplo es para mí uno de los más importantes que existen.

Lo aprendí hace muchos años de la primera persona con la que compartí una habitación de hospital. Era un hombre que siempre me hacía coger una libreta y apuntar ideas que me daba; hasta me regaló un decálogo para vivir. Tenía noventa años, toda la vida hecha, pero le entusiasmaba dedicar tiempo a un chico de catorce que tenía un futuro incierto.

Él se había casado cuatro veces, tenía ocho hijos y tres nietos, también había tenido en su vida más de quince trabajos y un pequeño tatuaje con un número, el 23, en su espalda por su amor hacia la ruleta. Una vida larga que tal vez yo jamás lograría, y quizá fue eso lo que hizo que me entusiasmara tanto aquel hombre.

Murió al mes de llegar yo, y también se convirtió en el primer compañero de habitación que perdí. Era alguien muy empático, escarbaba en el dolor emocional por el placer de sanarlo.

Siempre he creído que la gente mayor sabe dónde están las piedras y te pueden explicar cómo rodearlas. Si te acercas demasiado, seguro que tropiezas, eso no lo pueden evitar.

Decenas de años más tarde, le homenajeé en la serie *Los espabilados* y en *Pulseras rojas*: en ese personaje que aparece en un barco y ayuda a nuestro protagonista y en ese inolvidable señor Benito, respectivamente. No sé si imaginó nunca cuánto nos marcaría a mí y a mi obra para el resto de mi vida.

Sus consejos siguen en mis manos, con la letra de un niño de catorce años pero conteniendo los pensamientos de alguien de noventa.

Pero quizá la frase que más me marcó y que pronunció días antes de morir fue: «Tu yo del pasado es más inteligente que tú. Tú sólo tienes más datos, él tuvo el valor de tomar las decisiones. Fíate y respeta lo que decidió».

Imagino que no sólo me hablaba a mí, también a él, a todas esas decisiones tomadas durante una vida tan plena.

Yo en aquella época tan sólo contaba catorce años, por lo que no había tomado casi decisiones, era totalmente un yo del pasado y no existía el del futuro, tal vez ni llegaría a serlo.

Pero años más tarde, este soplo me ha servido para todo; es multiuso. Yo creo en él y sobre todo en no preguntarse nunca por qué pasan las cosas terribles e inesperadas; los porqués sólo te llevan a la tristeza y a la depresión.

Cuando mis amarillos me comentan un problema causado por sus decisiones anteriores siempre les digo que no sufran, que su yo anterior era más inteligente que ellos («ahora sólo tienes más datos»), y eso les ayuda y aniquila al instante el miedo.

Con los años, este consejo se complementó con el que me dio un hombre sabio y valiente que conocí en un cine en Santiago de Chile. Siempre voy a los cines de los países que visito. También a los casinos, en honor a mi maestro de vida, y como ya imagináis, juego a ese 23 que él llevaba tatuado.

Recuerdo que en aquel cine chileno me tropecé con un hombre mayor que me recordaba físicamente a mi maestro de hospital y me quedé hasta que salió de la sala, esperanzado de que pasara algo si nos encontrábamos de frente.

Él detectó mi mirada curiosa. Nos pusimos a hablar y me contó algo que me fascinó; me explicó que era la primera vez que había ido al cine en su vida debido a que su vida complicada siempre se lo había impedido. No me lo podía creer. Pensé que me estaba tomando el pelo, pero sus lágrimas de emoción al salir de aquella sala de cine me hicieron ver que era absolutamente cierto.

Tuvimos una conversación de casi dos horas en el bar de aquel cine, donde me relató parte de su dolor y su felicidad. Finalmente recuerdo la perla que soltó sobre su vida y las decisiones que tomamos, que me pareció muy acertada: «Las hemerotecas no sirven de nada. Cuando la gente intenta utilizarlas para poner en evidencia a alguien por lo que dijo y lo que dice ahora, no tiene ningún sentido. Has de poder cambiar de opinión, has de aceptar que antes fuiste otro con otras ideas y ahora eres otro diferente con más información y otras opiniones. Cambiar tu opinión es lo más normal en este mundo y absolutamente necesario».

Sin saberlo, había coincidido con mi primer compañero de habitación aunque utilizara otras palabras y explicara algo diferente, pero el fondo era parecido: aceptar tus decisiones y permitirte cambiarlas sin miedo al qué dirán y sin reproches. Al fin y al cabo, son decisiones tomadas por dos personas diferentes en diferentes ciclos de vida.

Me hubiera gustado presentar a mi maestro de hospital a ese chileno tan inteligente. Me hubiera encantado que fueran amigos de cine, que disfrutaran de largas conversaciones.

Quizá lo fueron. Siempre he creído que la gente buena y honesta se acaba conociendo allá donde estén. En este mundo o en el de después.

Espero que este soplo lo uséis mucho. No te obsesiones, fuiste otro; acepta que él siempre fue más inteligente que tú en este instante, porque tú sólo posees más datos. Ama las decisiones que tomaste y a quien se atrevió a tomarlas.

CUARTO SOPLO:

EL REDOBLE

«Se puede tener
en lo más profundo del
alma un corazón cálido y,
sin embargo, puede que
nadie acuda jamás
a acogerse en él.»

VINCENT VAN GOGH

Discutir con personas ruidosas es lo que acabará más rápido con tu alegría. Siempre hay que saber por qué discutes, es importante tener en cuenta qué deseas lograr y si vale la pena, aunque enfadarse no tiene sentido porque es no recordar que todo es efímero.

A veces puedes vencer, por decirlo de alguna manera, y ganar esa discusión, pero entonces siempre hay la tentación del redoble.

El redoble es la droga de las discusiones, es intentar vencer pero con escarnio, es doblar el brazo del otro hasta el final. A mucha gente le puede el redoble y no saben que no sirve de nada. He escuchado discusiones donde una de las partes ya ha vencido y de repente ha querido usar el redoble sin dejarle a la otra parte tiempo para recuperarse.

Para explicarme, el redoble es ese sonido doble que producen los tambores y numerosas personas, es el deseo de querer hundir a tu oponente, y eso jamás funciona en la vida. Si has vencido y te vale la pena, date por satisfecho.

Aunque repito: discutir es una pérdida de tiempo, el rostro que aparece en una discusión ya es de por sí una derrota. Además, casi siempre discutes intentando reconstruir una realidad que dos personas siempre recuerdan de forma diferente.

Llega un día en que empiezas a discutir —mi amigo Antonio Mercero lo llamaba el «bautizo de odio»—, en el que alguien te transporta a ese mundo que desconocías, y es el inicio de todo.

Si necesitas discutir porque te va la vida tener la razón en ese tema, debes recordar que hay personas que no disponen de memoria emocional. Puedes matarte por alguien, darle tu amor, y si luego fallas una única vez o no estás a la altura, te miden igual que a un jugador o un deportista ante su última competición. Es como si valieses lo mismo que tu última acción y el *background* emocional se olvidara. Discutir con olvidadizos no vale la pena.

Casi siempre hay que elegir entre tener la razón o la tranquilidad. Y yo, al menos, tengo muy claro qué deseo, por eso no discuto. La razón no necesito ganarla jamás.

Discutir no sirve de nada, pero si lo hacéis, y ahí va el soplo, como mínimo no caigáis en el redoble.

QUINTO SOPLO:

LOS CÍRCULOS Y LOS POZOS

«Quien sabe de dolor
todo lo sabe.»

DANTE ALIGHIERI

Os quiero hablar sobre los círculos y sobre los pozos, pero antes quiero contaros por qué para mí son tan importantes y tan reveladores las formas y los números.

La ingeniería es muy poética. Yo mismo, hasta que no entré en esa carrera tan complicada, no escribí una sola palabra en mi vida. Pero en aquella universidad encontré el cineclub más antiguo, un grupo de teatro, modelismo y cientos de actividades extrauniversitarias. Era la carrera con más actividades extracurriculares de toda Europa.

Allí escribí mi primera obra de teatro, que hablaba sobre lo duro que era el primer año en la universidad. En aquel momento había una tasa de fracaso del 70 por ciento y gracias a aquella obra de teatro, a utilizar el humor para que la gente se diera cuenta de quién era en ese instante y que se riera de lo que tanto le preocupaba, sirvió para que la tasa de fracaso bajara veinte puntos.

La obra trataba de un chico que entraba en la universidad y todo se lo imaginaba como si fuera una película. El primer día era la dureza de *La chaqueta metálica*, la reclamación de examen lo asemejaba a *El padrino* y cada uno de los años de carrera era un combate, como cada una de las entregas de *Rocky*.

Había mucho humor; creo que jamás he vuelto a ese género, aunque el final de la obra de teatro era un canto a la voluntad de poder dedicarte a aquello que te gusta aunque no fueses el mejor. Y es que a veces parece que sólo puedas hacer algo si sobresales; por el contrario, yo soy de los que creen que ser malo en algo no significa que no te apasione. Nunca es importante de qué trabajas, sino a qué te dedicas.

Al final se hizo durante años en la Escuela de Ingenieros. Me siento muy orgulloso porque el dolor de una carrera tan dura me dio la posibilidad de encontrar una pasión como la escritura que desconocía que existía dentro de mí. Si hubiera aprobado todo a la primera, jamás hubiera escrito nada en mi vida. Es el poder de las pérdidas transformadas en ganancias.

Más tardé vendrían obras como *Los pelones*, donde hablaba del cáncer infantil que yo había tenido de pequeño, y *Tu vida en 65'*, donde hablaba del suicidio y el trasfondo emocional que hay detrás de los que lo intentan. Sin duda, obras no tan cómicas como *Un novato en la universidad*, pero que versaban sobre lo mismo: positivizar momentos duros.

Siempre que me preguntan cómo dedicarse a la escritura, aconsejo estudiar Ingeniería Industrial, porque esta carrera me dio un cerebro de ingeniero, que significa adelantarse a los problemas, saber qué te pasará en la vida e intentar encontrar soluciones antes de que las necesites. Y eso tiene mucho que ver con escribir, con encontrar finales, con pensar conflictos y tramas.

En el último año de Ingeniería, tuve claro que el proyecto final de carrera tenía que versar sobre el fracaso en el primer año en la universidad, pero en este caso no a través de mi visión creativa, sino utilizando herramientas estadísticas, psicológicas y entrevistando a todas las partes implicadas en el proceso.

Fue un año bellísimo siguiendo junto a mi compañero de proyecto a ciento cincuenta alumnos nuevos. Fue como revivir la realidad de lo escrito aquel primer año en aquella obra de teatro.

Poco había cambiado realmente y descubrimos lo interesados que estaban los novatos en participar en aquel extraño proyecto. Encontramos muchas causas de fracaso, y es de lo que más orgulloso me siento de toda la carrera, de haber podido aplicar todo lo aprendido para dar con posibles soluciones que ayuden a que nadie sufra durante ese primer año de universidad por encontrarse solo o por pensar que no tomó la decisión adecuada al elegir Ingeniería.

Una cita de Herbert H. Asquith que me encanta dice: «La juventud sería absolutamente perfecta si llegase un poquito más tarde». Yo creo que también sirve para la universidad.

Y todo esto os lo he contado porque una de esas chicas que conocí durante la investigación de mi proyecto final de carrera era una inteligente mujer que estaba muy avanzada al resto de nosotros.

No sólo me fascina la gente mayor, pues hay gente muy joven que en realidad la vida ya les ha regalado lecciones. Y esa chica, que había perdido a su padre con seis años y a su madre con ocho, había vivido en cuatro centros de acogida. Era novata en aquella universidad pero veterana en la vida. La muerte te ofrece madurez y sabiduría instantáneas.

Le dije que se olvidara del estudio sobre el fracaso, que era la razón por la que la estaba entrevistando, y que me contase lo que sentía, no para escribirlo en el proyecto final de carrera, sino tan sólo para mí, para retenerlo en mi mente.

Así que una noche, en la sala de estudio de la universidad, me quedé embobado escuchándola cuando me contó la lección sobre «los círculos y los pozos». Un soplo al que recurro siempre que pienso que no encajo en un sitio.

Ella comenzó a hablar; recuerdo que eran las 2.23 de la madrugada, la sala de estudios estaba vacía, y entonces me susurró:

—Hay que tener en cuenta que la gente que nos rodea son pozos que existen en nuestra vida. Pero no todos los pozos están llenos de felicidad, alegría y energía. Los hay también que están secos y otros están altamente contaminados.

»No hay que pasarse la vida buscando energía y experiencias en los pozos secos porque acabarás exhausto. Olvídalos.

»Tampoco te pases la vida buscando energía y experiencias en los pozos contaminados. Acabarás envenenándote tú también.

»Recuerda que existen pozos nuevos que no conoces pero que son apasionantes. Y también existen pozos que te han acompañado toda la vida y todavía producen energía y experiencias increíbles. No los abandones y tenlos cerca aunque sean ya conocidos.

»Abandonar los pozos secos y los contaminados es básico para vivir en este mundo. No te ofusques con esos pozos, es absurdo; lo que producen puede acabar contigo. Que los encontraras un día no significa que debas seguir recordando que existen.

»Y tan importante como los pozos es recordar que todos somos círculos cuando nacemos.

»Nuestra energía inicial es la del círculo. En tu vida tropezarás con triángulos, rombos, cuadrados, rectángulos...

»Pero jamás has de dejar de ser esa energía limpia que es la del círculo. Intégrate en esas otras personas pero sin dejar de ser un círculo. Recuerda que puedes empequeñecer o engrandecer el círculo con tu forma de ser y con tu luz.

»Simplemente redondéate siempre y conseguirás entrar en esas otras formas, pero no cambies, no dejes de ser ese círculo, esa energía poderosa. No vale la pena modificarte por nadie ni por nada. No dejes de ser tu propia energía, simplemente gradúala para caber en esas otras energías.

Creo que aquélla fue la lección más importante que aprendí en la universidad y no fue en una clase, sino en una sala de estudio donde alumnos aventajados te abrían el alma.

Murió a los veinticinco años en un accidente de coche. Su vida y la de su familia siempre fueron cortas y ella supo aprovecharla. Tuvo una hija y siempre he intentado que no le falte de nada, además de hablarle de la suerte que tuvo de tener una madre que era un círculo perfecto lleno de energía. Siempre que alguien me recuerda el epitafio que puso en su tumba Arquímedes, la recuerdo a ella: «No desordenen los círculos».

Espero que os sirva este bello soplo, que en todo momento me ilumina el esófago y el alma.

SEXTO SOPLO:

TEN UNA SEGUNDA VIDA

«Dejamos de temer aquello
que hemos aprendido
a entender.»

MARIE CURIE

Para poner en práctica este soplo necesitas un gran amarillo para poder practicarlo. Sin alguien de absoluta confianza es completamente imposible poder realizar lo que te propongo.

Este soplo lo aprendí en el hospital. En la planta de arriba había una chica amarilla que había intentado suicidarse un par de veces. Tenía quince años y no deseaba vivir más, en parte, por sus problemas y, en parte, por la vergüenza de haber fallado en la vida y en la muerte.

Es terrible cuando alguien tan joven decide que quiere abandonar este mundo. Siempre he intentado ayudar a cualquiera en esa misma situación y sin duda tiene que ver por haberla conocido a ella.

Me contó que la primera vez que lo intentó se cortó las venas, luego escribió una carta para sus padres y finalmente se subió a la ventana de su sexto piso para lanzarse al vacío. Quería realmente marchar de este mundo; si el golpe no la mataba, esperaba que fueran sus muñecas desangradas.

Y, sobre todo, no quería hacer sentir a nadie culpable. Por eso, cuando vio que todo estaba iniciado, escribió una nota rápida exculpatoria para que nadie se sintiera como el causante de aquel instante.

Lo sé, os preguntaréis cómo pudo salir con vida de todo ello si lo tenía tan estudiado. Pues porque en el último segundo, justo cuando ella saltaba, apareció su hermano, que la agarró y la salvó. Siempre me contaba que ese abrazo la indignó, pero más tarde reconoció que era pura vida y que siempre estaría muy agradecida a su hermano y al destino, que hizo que el chico tuviera sed a las cinco de la mañana y que además fuera tan rápido, fuerte y veloz.

Cuando yo la conocí, ya no existía aquella chica de la ventana, había conseguido transformarse y, al haber poseído tanto dolor, era una maestra en la vida.

Yo di con ella cuando estaba a punto de marcharse ya de aquella planta. En aquella época de su vida se sentía pletórica y segura, y fue cuando me regaló este soplo que ella había aprendido de una doctora que había escapado de una situación parecida a la suya.

Sí, lo sé, os preguntaréis cómo alguien que desea marchar de este mundo puede enseñaros algo, y mi respuesta es que los que sufren, los que han tenido que lidiar con mucho miedo y enorme tristeza, cuando dan el giro, cuando entienden que no es tan importante lo que pasa, sino cómo lo afrontas, es cuando se convierten en inteligencias emocionales supremas.

Aquella tarde subí al terrado del hospital con esa mente suprema y allí, en un lugar que normalmente le podría recordar momentos complicados, fue donde me habló de controlar la vida de otro.

Me lo contó como si fuera un juego. Me preguntó si alguna vez había jugado a ponerme en la piel de otra persona y si quería ponerme en la suya. Le respondí que no sabía de qué me hablaba y me explicó este fantástico soplo que espero poder recordar tal como ella me lo relató:

—Mira, la idea es poder vivir dos vidas durante una semana, que otro te cubra el karma. Se trata de que confíes tanto en mí como para que me prestes tu vida. No la utilizaré para hacerte daño ni haré nada que te produzca vergüenza o vaya en contra de tu esencia. Sólo te pido que confíes en mí, que tome yo durante esos siete días las decisiones importantes que necesites.

»Poner tu vida en manos de otro, sentir la piel del otro sobre la tuya. Pero para que sea justo, yo haré lo mismo, pondré mi vida en tus manos y tú tomarás mis decisiones.

»Lo bello de este juego es que lo puedes hacer tantas veces como necesites en esta vida y cuando tus propios impulsos no sirvan para solucionar situaciones enquistadas.

»Recuerda que la mente que ha originado los problemas pocas veces puede ser la misma mente que los solucione.

»Has de confiar y dar tu yo más débil a alguien que sabe que no lo lastimará. Deja que tus miedos circulen sin ancla y exprésale tus dudas jamás conocidas a otro para que sea esa persona quien tome tus decisiones.

Y cuánta razón tenía aquella chica mágica en aquel tejado hospitalario.

Durante aquella semana, ella tomó mis decisiones y la verdad es que fueron muy acertadas. Yo, como era novato en este juego, no tomé tantas respecto a su vida, pero fue interesante poder sentir el alma de otra persona dentro de mí.

Tal como me dijo ella, sentí que tenía otra vida en mis manos (en este caso, una reconstruida a base de inteligencia) y decidí que el resto de mi vida intentaría conocer a mágicas personas que prestasen su vida y yo la mía.

A los pocos días ella marchó del hospital, pero años más tarde me la encontré. Seguía teniendo mucha inteligencia y en las cicatrices de sus muñecas observé que tenía tatuados muchos nombres. Me explicó que se tatuaba los nombres de las segundas vidas que por unos días había tenido.

Mi nombre estaba allí y sentí que aquel juego le

servía también para curar sus heridas y para evitar que otros tomasen malas decisiones.

Así que deseo que encontréis personas inteligentes y emotivas y podáis usar este maravilloso soplo confiando en las decisiones de otros.

Vivir a través de la mente de otro es algo muy placentero cuando confías en ese amarillo que forma parte de ti; es como ver tu vida con sus ojos.

Tan sólo dale todos los datos de los problemas que tienes, dile las soluciones que has pensado y déjale que decida lo que haría. No pienses en tus emociones o en lo que implicará en tu vida. Si te fías de esa otra persona, si es alguien que armoniza contigo, hazlo y descubrirás cómo tu vida coge otro rumbo y aquel problema desaparece porque ha sido solucionado a través de una segunda mente.

Pero, a cambio, tú has de hacer lo mismo con sus decisiones y sus miedos.

Para mí, encontrar a alguien para tener una segunda vida es uno de esos grandes premios con los que me recompensa el Universo.

SÉPTIMO SOPLO:

CREA TU ORQUESTA DE ALMAS SONORAS

«Quien no alimenta
sus sueños
envejece pronto.»

WILLIAM
SHAKESPEARE

Son importantes los amarillos de los que he hablado, pero es necesario que estén sincronizados contigo y entre ellos. Con tener uno es suficiente, pero si te acercas a los 23, hay que orquestarlos para que estén afinados y puedas sacar todo el partido.

Todos tenemos un alma sonora dentro y durante esta vida debes lograr ir uniendo otras almas musicales a la tuya propia.

La gente vive su vida de manera diferente. Algunos van a la velocidad de Liszt, otros a la de Beethoven y unos cuantos son como Wagner. Cada persona suena diferente por la forma en que se toma la vida y la rapidez con que desea lograr sus objetivos. Muchos tienen una musicalidad que no va conmigo.

Y es que es importante no olvidar que tú tienes tu propia alma sonora y durante toda tu vida debes crear esa orquesta que armonice con tu forma de ver la vida.

Dentro de tu orquesta puede haber metales, viento o cuerdas, pero para ello es importante que sepas si tú eres metal, viento o cuerda. Es básico que conozcas cuál es el sonido de tu alma sonora. Yo soy viento, puro viento.

Recuerdo la primera vez que oí hablar de las almas sonoras. De ellas me habló un chico de quince años que conocí en el primer hospital en el que estuve. Fue el creador de nuestro primer grupo de pulseras, lo conocí a las pocas semanas de perder a mi primer compañero de habitación.

Yo estaba totalmente desafinado después de mi primera gran pérdida y mi nuevo compañero de habitación irradiaba un sonido muy bello, era una cuerda de violín estupenda.

Él fue el primero que me enseñó a encontrar en la música el consuelo para superar las pérdidas. Él me prestaba sus cascos y yo los ponía a tope, lo que me ayudaba a marchar, a abandonar mi realidad y a aplacar esos lamentos sobre lo perdido que muchas veces se escuchan de madrugada en un hospital.

La música lo absorbía todo y la gente que aparecía por los pasillos danzaba al ritmo de aquellos bellos temas que mi amigo me prestaba.

Aquel chico me decía que no existía el amor pero sí las almas musicales que se acompasaban con la tuya propia. Que esa sincronía entre almas algunos la llamaban equivocadamente «amor», otros «sexo» y algunos «paz». Él sostenía que tenía mil nombres, pero que el adecuado era «almas sonoras».

Él fue el director de orquesta de esa bella teoría y el que creó esa locura real que fue dio origen al primer grupo de pulseras rojas para ayudar a que todos superáramos aquel inicio en el hospital. Nos enseñó a domar nuestras diferentes almas sonoras y que sonasen todas al unísono. Yo sólo fui uno de los que tuvo suerte de conocerle. Descubrí que las orquestas sonoras también tienen un color; en ese caso, era el rojo intenso de nuestra pulsera de hospital.

Él me enseñó a encontrar a esas personas que suenan, que emiten música y que te encandilan. También me explicó que si no escuchabas música en otra persona era porque estaba desafinada. Los desafinados no son los ruidosos, sino los que están perdidos en este mundo. Él siempre me decía que en una orquesta siempre debía haber tres desafinados.

Siempre le hice caso, y desde entonces no he dejado de crear mi orquesta de almas sonoras repleta de amarillos.

Aunque no siempre es necesario poseer una orquesta; con los años he conocido a solistas, personas que no necesitan acompañamiento, pues ellos solos funcionan a la perfección, son un *one man show*, ellos son su propia orquesta.

Aquel chico murió en mitad de una operación en la que había elegido todos los temas que deseaba que sonaran. Había hecho su propia lista musical para su final, así que murió al ritmo que deseaba.

Para mí, él siempre fue el imprescindible de mi grupo y en *Pulseras rojas* lo retraté como ese chico en coma al que la música lo despertaba.

Muchas veces, cuando me descompaso, cuando pierdo el ritmo, recuerdo a aquel chico inteligente y automáticamente ficho a algún alma sonora.

Un alma sonora la ves por la calle, notas cómo armoniza contigo, y aunque no la conozcas, el mero hecho de cruzarte con ella diariamente ya te afina.

Deja que la música en forma de temas o de personas te ayude y te transporte. A veces las palabras sobran y la música tiene ese increíble poder.

Al final del libro te pondré mis temas musicales, los soplos armónicos que me acompasan. Ojalá un día me puedas pasar los tuyos, los que fueron creados para calmar tu dolor e inspirar tu vida.

OCTAVO SOPLO:

LOS LIBROS SIEMPRE TE SALVARÁN

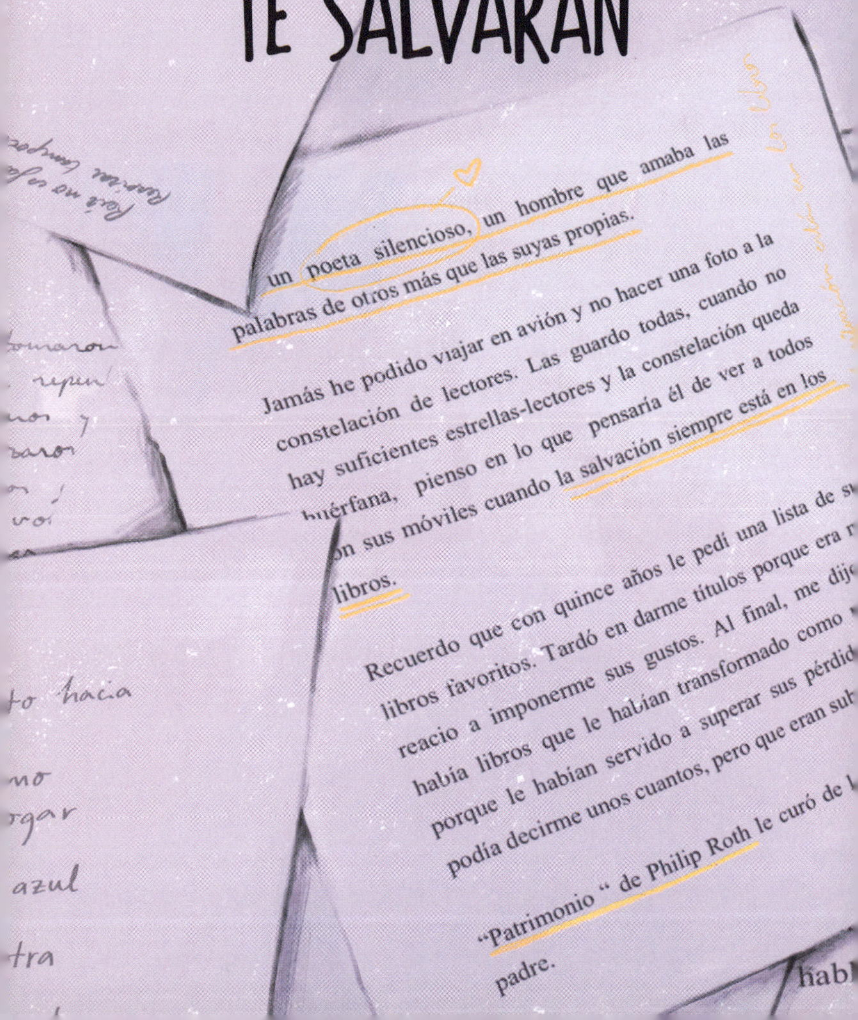

que le quedaba un tres por ciento de pos
y decidió que quería luchar.
Ese consejo se lo había
George, un sabio que le en
en un hospital y que jamá
dijo metafóricamente
para lanzar.

«Un sueño que se sueña
sólo es un sueño.
Un sueño que se sueña
junto a alguien
es una realidad.»

JOHN LENNON

Os he hablado ya de la importancia de poder controlar durante unos días la vida de otra persona.

En ocasiones no logras encontrar a esa otra persona que te acompañe en el juego de entregar tu vida a otro, pero sí que puedes tener la suerte de conocer su mente, sus opiniones y sus gustos a través de sus libros.

A mi gente preferida, la que me gusta cómo piensa, siempre le pido que me preste sus libros subrayados. Es muy bello ver lo que han subrayado, qué les ha tocado, su versión del libro a través de sus marcas y de sus notas al margen de cada página. Es una forma de releer ese libro a través de otra alma sonora que adoras.

Aunque no siempre funciona, pues a veces una persona que admiras no subraya acompasada con sus cualidades, pero eso enseguida lo detectas. En cambio, con la mayoría de las personas a las que aprecias es increíble la sincronía que se produce y no paro de pedirles todos sus libros subrayados.

Mi madre es una de las personas que mejor subrayan. Sé que cuando no la tenga conmigo, al menos poseeré sus libros subrayados y eso es un gran soplo porque la tendré de alguna manera a ella, porque entenderé el mundo con su mente, y eso siempre será una forma de escuchar su voz, de sentir sus consejos cerca y de no perderla totalmente.

Hace años vino a una firma de libros una chica increíble, no tendría ni catorce años, y trajo un ejemplar de una de mis novelas, *Brújulas que buscan sonrisas perdidas*, bajo el brazo. Sus ojos eran brillantes y su alma, brutal. Me mostró el libro y me contó que su padre había muerto hacía dos meses y que se había quedado a dos páginas del final, ahí estaba la pequeña doblez en la parte inferior derecha, que era su marca personal cuando llegaba a sus finales nocturnos.

Me pidió finalizar ambos esa lectura, una página cada uno. Ella se rompió al acabar, y yo con ella. Nunca pensé que fuera tan emocionante acabar el libro de otra persona. Es uno de esos momentos que para mí siempre serán un soplo instantáneo. El mero recuerdo de ese instante me hace sonreír, y apuntala mi alma.

No sé dónde estará esa chica inteligente, pero imagino que habrá elegido bien sus caminos en la vida porque con tan sólo catorce años supo qué hacer para curar su gran pérdida.

También recuerdo que, unos días más tarde de que pasara eso, releí una hoja que me había dejado otra chica en esa misma firma. Me contaba que la hoja pertenecía a un libro que le había encantado. A mí también me entusiasmaba, se llama *El hombre que plantaba árboles*, de Jean Giono, una preciosa metáfora sobre el poder de un solo hombre para mejorar con simples acciones el mundo y la naturaleza.

Ella me mandaba exactamente la hoja que queda en blanco después de acabar el libro. Me relataba en la carta que las hojas en blanco de los libros maravillosos tienen magia propia, rezuman energía, y ella las usaba para enviar escritos a gente a la que quería contarle cosas especiales.

Todo lo que me explicó en la carta era magnífico y misteriosamente desprendía la misma esencia que ese maravilloso libro. Nunca imaginé que fueran tan importantes los subrayados como las páginas en blanco. Y quizá por eso siempre dejo en mis libros tres o cuatro páginas en blanco por si las queréis utilizar y reenviar. En éste hay tres justas.

Algunos libros me dan mucha paz, me llevan a un mundo mejor y me curan a través de las palabras de otros.

Un gran amigo mío que era celador siempre me daba pequeños consejos cuando me llevaba con la silla de ruedas de un sitio a otro del hospital. Nunca iba rápido, siempre intentaba contarme anécdotas y hacer el viaje agradable aunque fuéramos a una operación grave. Recuerdo que en uno de esos trayectos hacia la quimioterapia me susurró: «No te fíes de alguien que no tenga libros en casa».

Y tenía tanta razón. Estoy convencido de que tener libros en casa es como tener cerca un salvavidas en tierra. Un libro siempre te puede salvar y hay mucha gente que necesita ser salvada.

Pero con los años he descubierto que también puedes ser salvado con los subrayados de otros, con las notas en el margen de los que marcharon y hasta con las páginas que no fueron leídas o con las que fueron dejadas en blanco para que las rellenemos nosotros de letras valientes.

Hace poco, en un avión, me topé con una mujer sabia de noventa años que me explicó que siempre le impresionaba la poca gente que leía en los aviones. Me mostró que cuando era de noche y aterrizaba el avión, con la cabina atenuada, se podía ver a los pasajeros que necesitaban encender la pequeña luz sobre sus cabezas para seguir leyendo, creando esa maravillosa constelación de lectores voraces.

Aquella desconocida del avión se convirtió en una gran amarilla para mí. Siempre le mandaba imágenes de constelaciones de lectores de todos los aviones que tomaba.

Cuando ella murió, en su entierro descubrí que había pedido que la incinerasen junto a sus diez novelas favoritas. Creía que sería precioso que esas letras que la habían salvado en vida fueran parte de ella y se fusionaran con su ser tras la muerte.

Me pidió quc si un día se podía ir al espacio, me la llevase y lanzase un poquito de esa mezcla de ella y de sus libros hacia una estrella. Deseaba ser parte real de una constelación de estrellas. Su familia me dio un puñado de ella que todavía conservo y cuando miro esa pequeña urna sé que ahí está parte de su amor hacia los libros. Letras valientes y una mujer increíble mezcladas a la perfección.

Al final de estas páginas también os dejaré mis libros favoritos. Muchos son los que ella me mostró, no están subrayados por mí, pero espero que los subrayéis y me los prestéis algún día. Sería un honor conoceros a través de vuestras marcas.

Y en la última página tendréis un mapa con mis libros y cómo os pueden ayudar a sanar según lo que necesitéis. Si os ayudan, decídmelo, por favor.

NOVENO SOPLO:

EMPAQUETA TU PASADO

«Trabajas durante toda una vida para pagar una casa y cuando por fin es tuya ya no queda nadie para vivir en ella.»

ARTHUR MILLER

Otro soplo corto pero muy importante en esta vida: no tengas apego a las cosas materiales que posees. Su rotura, pérdida o imperfección no es nada importante y no llega a la categoría de problema.

Para mí este soplo tiene mucho que ver con el pasado. El pasado te condiciona y crea lo que eres, hace que tu cerebro y tu propio cuerpo vivan para siempre en ese instante de la vida. Decía Arthur Miller que la personalidad de una persona siempre está condicionada por los problemas que no pudo evitar y el remordimiento que le provocan los que evitó, y todo eso tiene que ver con ese pasado que hay que empaquetar. Somos voces, no ecos.

Es curioso el cerebro; a veces no recuerdas una palabra y si repasas mentalmente el abecedario, te aparece al instante. Siempre he creído que necesita un pequeño empujón.

Por eso hay que empaquetar el pasado, no hay que tener miedo al desapego a las cosas y a los recuerdos que no te gustan. Además, la mayoría de ese pasado sólo lo recuerdas tú. El pasado sólo es la pólvora de la felicidad del presente y mucha gente se instala allí porque los recuerdos que vivió fueron tan sublimes que olvida que ya pasaron.

Pero sobre todo hay que empaquetarlo bien porque si no lo atas de manera perfecta, ese recuerdo o esa persona volverá y volverá a tu mente. No lo sufrirás una vez, sino cientos de miles.

Decía L. P. Hartley que el pasado es un país diferente, así que de ti depende ser habitante de ese lugar o empadronarte en el presente o vivir pensando en el futuro.

Lo mejor cuando empaquetas el pasado es que sientes esa increíble felicidad a los pocos días, no es inmediato porque tu cuerpo y tu mente han vivido demasiado tiempo en otra época y les cuesta dejar marchar. Pero si lo haces, si no tienes apego al pasado, a las cosas e incluso a algunas personas ruidosas que la familia o el amor o la amistad te ha traído, pero que no implican que deban residir en ti, notarás el cambio a los pocos días. Es algo extraño y difícil de explicar, pero cuando lo aceptas es como si siempre lo hubieras necesitado.

Yo he empaquetado mucho pasado. Les he explicado a mi cuerpo y a mi mente por qué debía hacerlo. Y les cuento que siempre en esta vida hay un peldaño inferior al inferior, pero que también existe otro escalón superior al superior, y hay que estar en movimiento para averiguarlo.

Cuando alguna cosa material se va, no sufro por una pérdida, siempre intento pensar que ese no apego no significa sentir desapego por las cosas o por las personas, sino por esa emoción que emiten tu cuerpo y tu mente al sentir que pierden algo que consideraban suyo y eterno.

No tengo duda de que es uno de los soplos más difíciles de poner en práctica y por eso es de los más sanadores y de los que más te aportará si estás en un mal momento de tu vida.

Recuerda que has de borrar lo que pesa para poder salir a flote y atar lo que no puedas lanzar; ya se desatará en el momento justo cuando seas capaz de solucionarlo.

Yo tuve una gran amiga que, cuando murió su marido, cogió todas sus cartas de amor, todos sus recuerdos conjuntos y hasta el vestido de boda y lo hizo triturar para crear una funda de almohada para dormir. Deseaba que esos recuerdos fueran sólo suyos y que tras su muerte nadie los lanzara a una bolsa de basura. Me contó que nunca había dormido tan bien en la vida y que además esa almohada emitía tanta energía que el lado frío de la cama de su marido desaparecía debido a la intensidad que proyectaba aquel relleno repleto de amor y de pasado empaquetado con mimo.

DÉCIMO SOPLO:

LOS BINOMIOS DE LA ALEGRÍA

«Hay gente que sólo
guiña el ojo para poder
apuntar mejor.»

BILLY WILDER

He encontrado en esta vida muchos binomios de vida. Son palabras antónimas que en realidad son sinónimos vitales.

Recuerdo que cuando era pequeño un vecino con el que siempre me tropezaba en el ascensor y que era albañil, desprendía cemento y parecía que estuviera hecho de hierro, me preguntó: «¿Qué crees, que las carretillas se ahorcan de las grúas o las equilibran?». Aquel día no entendí nada, pero con los años comprendí a qué se refería; era un binomio de alegría.

También escuché hace tiempo en Menorca, mi isla favorita del mundo, una frase que me entusiasmó y la pronunció una increíble mujer que había pasado de vender calefacciones en Toledo a helados en Ciutadella. Decía así: «Cada fallo que cometemos esconde un éxito secreto y cada éxito que logramos tiene un fallo secreto». Sin duda resume esos binomios de los que hablo y trata de un soplo lección que no hemos de olvidar, triunfemos o fracasemos.

Una de las frases de las que más aprendí me la regaló el cirujano que me cortó la pierna. Me la susurró una tarde, cuando ya había pasado de ser mi médico a ser mi amigo: «Un error es un acierto fuera de contexto». Y no me cabe duda de que es una de las mejores filosofías para aceptar el dolor y un soplo en los momentos complicados, y estoy seguro de que de eso él entendía mucho. Siempre añadía que los días grises son también días claros fuera de contexto.

Yo siempre he mezclado esas dos grandes verdades que aprendí de él con el mantra personal que ha marcado mi vida: «Las pérdidas son ganancias». Ya he contado alguna que otra vez que no perdí una pierna, sino que gané un muñón; no perdí un pulmón, sino que aprendí que con la mitad de lo que tienes en esta vida puedes vivir, y como el hígado me lo quitaron en forma de estrella, pues llevo un sheriff dentro de mí.

Para llegar a esas ganancias tuve que hacer muchos duelos personales a fin de extraer la ganancia agazapada dentro de la pérdida. Nunca aparece sola la ganancia, normalmente sólo ves la pérdida, pero poco a poco, si haces duelos, sobresale.

Yo hasta que no perdí la pierna izquierda no me di cuenta de que había una ganancia, y es que siempre me levantaría con la pierna derecha, lo cual te trae una alegría instantánea diaria. Nunca he vuelto a echar de menos mi pierna, he comprendido que la canjeé por años de vida. Y eso tiene que ver con entender que en tiempos de enfermedad y de dolor has de cambiar partes de tu cuerpo por vida.

Hace unos años, creo que fue en el 2011, una empresa de comunicación me mostró una campaña que habían pensado para mí; se llamaba «El chico que escribía con la pierna izquierda». Había un montón de bellos dibujos de una caricatura mía que escribía con el muñón de su pierna izquierda del que sobresalía un lápiz. La idea no era mala porque nunca me he avergonzado de mi muñón y reflejaba en parte lo que era mi filosofía de vida, pero en el último instante deseché esa idea porque no me sentía del todo cómodo. Aunque siempre pensé que algún día la utilizaría, porque en aquel instante era un error, pero en un futuro seguramente sería un acierto fuera de contexto.

Y no me quiero olvidar de otro de esos binomios que tanto me han ayudado para superar problemas en esta vida. «Los miedos son dudas no resueltas.» Es decir, que si alguien no te resuelve una duda, se convierte en miedo. Por eso siempre he intentado preguntar mucho en esta vida y a las personas adecuadas.

Siempre voy con una libreta y cuando veo a alguien sagaz, le pregunto una de mis dudas no resueltas en busca de aniquilar un miedo. Lo peor de este mundo es estar incompleto por culpa de un miedo.

En mi vida siempre he creído en estos antónimos, me ayudan a entender que hay que aceptar lo peor que venga pero comprendiendo qué ganancia, acierto o lección puedes extraer.

Y es que hay veces en la vida que el dolor se hace tan grande, que no encuentras las herramientas para superarlo porque no aceptas los errores, no comprendes de dónde vienen tus miedos, sufres por tus pérdidas y no logras ver la solución. Has de comprender que todo tiene una parte oculta poderosa que tan sólo debes encontrar.

Nunca hay que tirar la toalla. Por eso nunca debes tener toalla, porque a veces la dificultad de la pendiente te hace olvidar que no dejas de progresar y ya estás cerca de tu meta. Usa a tus amarillos para encontrar esa otra cara positiva de lo que parece tan negativo, y eso sólo lo puedes lograr contándoles tus miedos en forma de dudas.

Siempre he creído que si aprendes a morir, aprendes a vivir, porque lo que perdimos en el fuego renacerá en las cenizas. Pero también recuerda que si todo te va bien, si todo se cumple, has de tener en cuenta que si esos sueños eran el norte de tu vida, quizá debas virar hacia el sur.

UNDÉCIMO SOPLO:

AMA TU CAOS

«Lo que niegas te
somete. Lo que aceptas
te transforma.»

CARL GUSTAV JUNG

El aceptarse en el plano físico es un tema que puede causar un gran dolor a mucha gente.

Un día, una chica me explicaba en una carta que tenía quince años y que la gente se burlaba de ella por su aspecto físico, por el color de su piel y por la forma en que vivía su vida. Se preguntaba cómo podía ser feliz si la rodeaba tanto odio, cómo aceptarse si nadie la aceptaba a ella.

Yo siempre he creído que tan sólo lo puedes hacer amando tu caos, amando tus diferencias y amando quien eres. Ése es uno de los soplos más necesarios en esta vida.

Puedes cambiar en esta vida cosas físicas que necesitas porque tu propio caos te lo permite, pero cambiarlas por otros, por el qué dirán, tiene muy poco sentido. Porque si cambias por ellos, ¿quién serás?, ¿la persona que realmente eres o la que te han obligado a ser?

Ama tu caos, ama tu diferencia es el soplo básico para seguir siendo fiel a uno mismo en esta vida.

Un amigo mío, que es mecánico pero él opina que no arregla coches, sino que ausculta corazones en forma de motores, siempre me dice que la moral es el gusto colectivo, por eso él prefiere su propio criterio, porque es personal e individual. Y tiene razón. Lo importante es mirarse poco al espejo y al ombligo en esta vida, aceptar lo que tienes, aunque sea diferente, pero sobre todo porque es tuyo y único.

Es importante aceptar en lo que te has convertido, tanto física como mentalmente. Puedes mejorarte si lo necesitas, si sientes que debes ser otro en consonancia contigo mismo pero siempre amando tu propio caos. Todo lo que hagas para mejorar tu cuerpo y tu salud es positivo si nace de ti y de tu caos, no de ese gusto colectivo, de los miedos y de ese absurdo que es sentirse aceptado por otros.

Yo siempre he pensado que si las personas pudieran verse sus estómagos, sus esófagos y sus pulmones, se pasarían el día operándoselos, cambiándoselos, intentando reducirlos de tamaño o que fueran más ovalados o de otra tonalidad.

A mí el soplo de amar mi caos, amar mi diferencia, siempre me ha parecido algo delicioso que he practicado desde niño.

Con nueve años me tiré a una piscina de cabeza. Estaba tan ensimismado con el bello lanzamiento que había conseguido, que cerré los ojos y disfruté en silencio de ese instante único. No me percaté de que tenía que evitar chocar contra el suelo y fueron mis dientes los que hicieron de airbags acuáticos. Mi diente central se rompió en el acto. Cuando fui al dentista aquella misma tarde, me miró y me dijo: «Hay dos opciones, chico: te arreglo el diente o prefieres ser especial el resto de la vida y te lo dejo de la forma que tú lo has creado».

Nunca me lo arreglé, sin duda un chico de nueve años desea ser especial el resto de su vida. A veces pienso si me lo dijo porque realmente lo creía o por ahorrarse trabajo. Pero el caso es que siempre me he sentido muy especial y cuando veo ese diente recuerdo el mejor salto que hice nunca en una piscina; no puedo olvidar al niño que fui porque él creó parte de mi sonrisa, y eso vale mucho más que reconstruirlo.

Yo amo mi caos, amo mi diferencia, amo lo que me hace único. Amo mi muñón, mi medio pulmón, mi trozo de hígado y todas las cicatrices que no dejan de ser tatuajes que me ofreció una enfermedad para recordarme que sigo vivo.

Quizá una de las cosas más maravillosas pasaron después de sacar el libro *El mundo azul. Ama tu caos.* A la gente le gustó tanto ese subtítulo de «ama tu caos» que más de mil personas se han tatuado esta frase en su piel y me la han mandado por Instagram.

Me emociona ver esa frase en tobillos, hombros, nucas y espaldas. No sólo porque significa que les ha marcado tanto que la llevan en su propio cuerpo, sino porque sé que eso hará que la vean miles de personas que se cruzarán con ellos y entenderán la importancia de amar tu caos a través de la piel de otro.

Es por ello por lo que te aconsejo que si ahora mismo te encuentras en una encrucijada física o mental, ama lo que te provocaste o lo que eres porque eso te hace único, diferente y especial. El resto no vale la pena, cambiar por los otros es absurdo y nunca tiene un final.

Si deseas TÚ cambiarlo, modificarlo o transformarlo porque tu caos te lo pide, hazlo, pero al final sé consecuente y acepta en lo que te has convertido.

Eso es lo básico, aceptar en lo que te han convertido tus decisiones. Y una vez te comprendas y ames tu caos, intenta comprender el de otros, porque eso es lo más complicado en esta vida.

DUODÉCIMO SOPLO:

LA OTRA ORILLA

«El amor nace de nada
y muere de todo.»

ALPHONSE KARR

«Cuando una luz se funde es porque tus antepasados reclaman tu atención y te avisan de un peligro que sucederá.» Esto me lo contó la abuela de un compañero de hospital que tuve. Era un chico diferente, que sufría por dentro pero por fuera poseía la sonrisa más increíble que he visto. Tenía cáncer, pero era el más feliz de todos nosotros, riendo, siempre alegre. Además, solo tenía doce años, era el más pequeño en aquella planta.

Pero aquel chico sufría y todos lo desconocíamos. No confió ni en su abuela, ni en sus amigos ni en su propia madre.

Yo tuve la suerte de enterarme de su gran secreto un sábado que estábamos tomando el sol. En el hospital nos daban unos tíquets cada fin de semana y podíamos salir a jugar al baloncesto en medio de un parking de coches que todos llamábamos poéticamente «el sol». Nos parecía un lugar mágico a ojos de niños que se pasaban la vida dentro de un hospital.

Y aquel sábado estábamos los dos solos encestando y me contó lo que jamás hubiera pensado que me relataría. Yo sólo le pregunté cómo podía estar tan feliz si teníamos una enfermedad que contaba con un 80 por ciento de posibilidades de acabar con nosotros. Quizá nadie se lo había preguntado tan directamente, o sencillamente hay días en la vida que decides desnudar tus miedos a un extraño.

Él entonces se quitó la camiseta y me mostró quemaduras de cigarrillos y heridas de golpes ya cicatrizadas. Me quedé sin saber qué decir. Me pidió que no se lo dijera a nadie y entonces me contó que su padre le daba palizas desde los seis años. Pensó que aquello jamás acabaría hasta que se puso enfermo de cáncer. Eso le dio la posibilidad de marchar de su casa, de ser libre y de sentirse por primera vez en paz. El cáncer le había arrebatado el dolor nocturno, los golpes y las palizas.

Algo que teóricamente era lo peor que le podía pasar a un niño se había convertido en una gran ganancia para él. En aquellas plantas de hospital se sentía más seguro que en su propia casa porque su padre no le podía dañar.

Me quedé sin saber qué decirle, me hizo prometer que no se lo contaría a nadie. Se volvió a poner la camiseta y volvimos a jugar como si no hubiera pasado nada extraordinario y volvió a hacer bromas y a sonreír como sólo él sabía.

Desde aquel día, siempre que reía a carcajadas entreveía su horror personal a través de su alegría. Él jamás pedía permisos de fin de semana y nunca venía su padre a verle, siempre estaban su madre y su abuela en aquel hospital salvador.

Su cáncer se complicó a gran velocidad. Él hubiera merecido vivir, era un gran luchador y siempre nos animó a todos, pero en el hospital descubrí que aquello era una lotería que no se basaba ni en la inteligencia, ni en la belleza ni en la fuerza.

A él se le ocurrió la idea de que nos dividiéramos las vidas de los que perdíamos para que se multiplicaran dentro de nosotros. A mí me tocaron en el reparto 3,7 vidas más la mía, 4,7. De él me pedí quedarme casi un 50 por ciento de su vida porque supe que siempre me daría fuerza y me atrevería a luchar contra los más oscuros y ruidosos.

Antes de morir hablamos sobre el perdón, no sé ni cómo llegamos a ese tema tan adulto. Él me dijo: «El perdón está sobrevalorado, a los que te lastiman hay que ignorarlos».

Y en aquellos últimos días de vida volvió a hablar de su padre. Me contó que de pequeño, cuando sufría por todo el dolor que le infligía su padre, esperaba que le llegase un superpoder que le evitara todo ese tormento. Me relató que hubiera deseado tener el don de poder parar corazones de gente mala con la mirada, y el primero que hubiera parado habría sido el de su padre. Le gustaba ese tema porque siempre decía que los pelones debíamos latir fuerte para que la gente supiera que existíamos.

También me habló de la otra orilla, un lugar que había inventado para escapar de su infierno. Su otra orilla era un bello mundo imaginario al que viajaba cuando alguien le arrebataba su infancia.

Él murió un 5 de noviembre, el día que yo cumplía quince años. Su padre vino a recoger sus cosas y fue la primera vez que le vi. Juré que no olvidaría esa cara y un día iría a verle y le diría lo que sabía, aunque le había prometido a mi amigo que no lo haría jamás.

El día que cumplí los veinticinco, me presenté en su casa y se lo dije todo a la cara. Él lo negó, pero yo sabía que aquel chico valiente no mentía. Le dije todo lo que deseaba decirle, me quedé muy a gusto. Solo eran palabras, pero merecían ser dichas y que no pensase que su sucio secreto no existía porque nadie lo había descubierto. Sé que no sólo hablaba yo, sino también el 50 por ciento de él en mí.

Increíblemente, tres meses después murió de un ataque al corazón. Cuando vi su esquela me imaginé que ese corazón había sucumbido ante la verdad o quizá mi amigo, desde el más allá, había encontrado su don.

Siempre he creído que es una de las historias más alucinantes que he vivido y aunque luego la he versionado en alguna novela, siempre pienso que no refleja jamás la realidad.

Mi amigo era uno de esos chicos valientes que merecerían una segunda infancia, y espero que allá donde esté la haya encontrado, porque nadie debería robarle esos años a un niño.

Su gran regalo fue mostrarme la otra orilla, y es uno de esos soplos que sigo utilizando para crear mi otro mundo.

De vez en cuando, sobre todo en momentos de gran felicidad, nado mentalmente hacia la otra orilla. Es un mundo imaginario alucinante donde hay mar, costa y una isla paradisíaca.

No consigo fijar más de dos o tres minutos ese mundo imaginario porque para visualizar la otra orilla necesitas toda tu energía. Aprovecho los momentos de placer extremo para viajar allí y construir poco a poco partes que todavía no existen.

Sé que él me está esperando allí, en esa otra orilla, lo presiento, y lucho por llegar, brazada a brazada. Nunca lo logro, pero la otra orilla me devuelve siempre mucha felicidad aunque nunca la alcance. Es un refugio personal que me cura.

Los soplos imaginarios pueden ser tan válidos como los reales para sanarte, no lo olvides.

DECIMOTERCER SOPLO:

LAS CASUALIDADES INCREÍBLES

«La gente dice que deberíamos dejar un planeta mejor a nuestros hijos. Es cierto, pero también es importante dejar unos hijos mejores para nuestro planeta.»

CLINT EASTWOOD

Claramente las casualidades extrañas existen en este mundo. Yo siempre he pensado en esa bella teoría de que existe una ley que engloba las cosas imposibles que parecen increíbles, que no deberían pasar si miras las reglas de la física y tu propio criterio, pero que acaban ocurriendo en este mundo.

Y es que puedes estar pensando en una canción, en una persona y a los dos segundos sonar esa música y cruzarte con ese ser. También puedes jugar a un número imposible que has soñado el día anterior y al día siguiente toca. Crees que no podrás aprobar o no ganará tu equipo favorito y aciertas todas las respuestas sin haber estudiado o entran todos los goles en tres minutos.

Sí, existen las grandes casualidades y los imposibles. Mi propia vida es una muestra. Superé cánceres que tenían menos de un 3 por ciento de posibilidades de supervivencia. Es por ello por lo que creo tanto en esas casualidades imposibles y estoy seguro de que hay una ley del Universo que las protege.

Eso en sí ya es un soplo, saber que todo puede pasar. Esa persona que no te ama, te volverá a amar. Ese trabajo que perdiste injustamente, volverá a ti dos días más tarde de otra forma.

Un día conocí a un hombre que hacía de conserje nocturno en un hotel de Gijón que tenía una bella teoría. Siempre hablaba con él porque me gustaba su costumbre de dejar cada noche notas debajo de las almohadas para todos los huéspedes. Los días de diario eran citas famosas, pero el domingo eran suyas. Él creía que nadie debería irse a dormir sin una reflexión que te hiciera pensar.

Una noche hablamos de las grandes casualidades. Él tenía una bella teoría: creía que eran obra de nuestros antepasados, que era su forma de hacerse presentes realizando imposibles.

Pienso en su teoría y tiene sentido. Todos tenemos miles de antepasados que piensan en nosotros, que rompen reglas imposibles para ayudarnos. La idea es preciosa y podría ser cierta.

Cuando me pasa un imposible siempre sonrío, olvido lo de la ley que crea imposibles, lo de las estadísticas rotas por una anomalía, y pienso en quién de mi familia me está haciendo el favor o me está advirtiendo sobre algo.

Nunca he dado nada por perdido porque sé que todo es posible en esta vida, que muchas mentes familiares están bordeando otros mundos, otras orillas, y nos echarán una mano.

«Vivir es creer que existe la magia, morir es aceptar que no existe», decía una de sus bellas citas nocturnas que me dejó en mi almohada; era domingo, por lo que supe que era de su propia cosecha.

Tenía tanta razón: el día que dejas de rebelarte contra las injusticias, que aparcas tus sueños, que aceptas que las cosas son imposibles, estás muerto en vida.

Este soplo me ha curado muchas veces porque

también lo aplico por la parte contraria. Si ellos logran que cosas imposibles se cumplan, seguramente también logran que cosas totalmente posibles no se cumplan. Así que cuando algo que estaba cantado que pasase se tuerce, pienso que alguno de esos antepasados que me aprecia me está dando una señal para que aquello no ocurra, que quizá yo no comprendo pero que es necesario para mi bien.

Sí, creo en las señales, en las casualidades, en la magia y sobre todo en los imposibles. Pero es que, si dejas de hacerlo, qué te queda. Este mundo está repleto de cosas extrañas e imposibles y si no las ignoras, puedes vivir en un cuento mágico el resto de tu vida.

Este soplo me ayuda con los fracasos, con los éxitos inesperados, con los desamores, con los amores inesperados, con las depresiones y con las locuras. Aprovéchalo.

DECIMOCUARTO SOPLO:

LUGARES QUE NO QUIERO PERO NECESITO

«No permitas que nadie
camine por tu mente
con los pies sucios.»

GANDHI

Uno es su trauma de la infancia y hasta que no lo conoces es imposible lograr la alegría en este mundo. Es como si tu niño interior se hubiera suicidado para que tú sobrevivieras.

Yo siempre he creído que la vida es dar y sentir. No hay más: dar tu energía y sentir la fuerza de los otros. Pero siempre hay algo que hizo que tu niño pequeño desapareciera y te convirtieras en el adulto que eres, ese instante que te debiste hacer mayor para poder sobrevivir.

No os pido que os enfrentéis a ese trauma de la infancia, tan sólo que lo conozcáis. Y si os enfrentáis, ya sería increíble.

Los traumas de la infancia son muchas veces una reinterpretación de lo que pasó, son puzles que debes rearmar porque tu cerebro intenta evitar que recuerdes el trauma completo. Además, es curioso que cuando un recuerdo no aparece, tu rodilla se mueve nerviosa porque activa otra parte de tu cuerpo para distraerte.

Siempre he creído que, el día menos pensado, los traumas se iluminan en tu mente y te das cuenta de que te condicionaban de tal modo que no has dejado un solo día de buscar eso que perdiste o te arrebataron.

Yo siempre digo que los niños se transforman por culpa de un adulto estropeado, y ese tipo de adulto estropeado es aquello de lo que huirás el resto de tu vida y lo que más te encenderá en este mundo.

Siempre he creído que los traumas de la infancia son esos lugares a los que no deseas volver por nada del mundo pero que necesitas visitar y que alguien te acompañe, que abra las luces por ti, que te lo muestre con el paso del tiempo y te ayude a comprenderlo y a perdonarte.

Para mí este soplo es el primero que alguien te tuvo que poner hace tiempo, y si no te lo pusieron, has de ser fuerte y ponértelo tú mismo con cariño y con mimo.

DECIMOQUINTO SOPLO:

ENCUENTRA TU ATMÓSFERA IDEAL DE CREACIÓN

«Y si resulta que
un trozo de madera
descubre que es
un violín...»

ARTHUR RIMBAUD

Una de las cosas más importantes para superar cualquier problema es poder encontrar la solución, y para eso necesitas estar rodeado de tu mejor atmósfera para abstraerte del mundo. Yo lo llamo la atmósfera ideal de creación porque creas la solución de problemas y también logras inspirarte artísticamente.

Pensamos, equivocadamente, que nuestra atmósfera ideal de creación tiene que ver con el aire que respiramos, pero normalmente eso casi nunca es así.

Hace años conocí a una pintora que me contó que su atmósfera ideal de creación era la respiración de su marido. Estar cerca de él, respirar el aire que él había inspirado anteriormente, le servía para crear, para solucionar sus problemas y encontrar soluciones.

Sin duda es bello que tu atmósfera ideal de creación sea el aire expulsado de los pulmones de tu persona amada, tienes mucho ganado.

Mi atmósfera ideal de creación es el agua. Siempre que creo algo o soluciono problemas debo estar cerca de ese elemento. Poco me importa que sea una piscina o el mar, que sea dulce o salada. Nadar dentro del agua me produce una paz enorme y mi cabeza comienza a fluir y encuentro soluciones que nunca antes se me habían ocurrido.

Hace poco leí un estudio sobre cómo el nadar logra que tu cerebro fluya diferente porque, debido a la falta de oxígeno, cuando zambulles la cabeza hace que se activen partes del cerebro que normalmente están inactivas y es como si apareciera una inteligencia extra.

A mí eso es lo que me ocurre cuando estoy en el agua y nado, siento que todo mi cuerpo tiene una ocupación casi mecánica y mi mente puede dedicarse a problemas pendientes.

Además, siempre he creído que la natación sirve para calar mucho a la gente. Las personas, cuando entran en una piscina, se acaban comportando tal como son en la vida. Hay algunos que al meterse ni tan siquiera saludan ni preguntan en qué sentido se nada. También es muy ilustrativa la forma de respetar o avasallar a los otros nadadores rápidos o lentos, que es un fiel reflejo de tu propia personalidad.

Como veis, para mí la natación es algo más que un deporte; es una parte importante de mi vida porque es el sitio donde me siento más libre, me quito la pierna y me siento veloz y feliz.

La abuela de una amiga mía, que era redactora de prospectos de medicamentos y estudiaba con mucho mimo qué poner exactamente en esos papeles para que la gente comprendiera los efectos y no tuviera excesivo miedo a tomarlos, me contó un día que ella solucionaba sus problemas en las bañeras, pero que debían estar a una temperatura exacta.

En su caso, preparar una bañera era una fórmula más secreta que la Coca-Cola. Echaba durante unos minutos exactos el agua caliente y luego durante otros minutos secretos el agua fría. Lo hacía en tres ocasiones diferentes. Tenía apuntada esa receta que la llevaba automáticamente a la plena alegría.

Un día decidió mostrarme aquel papel y le preparé una bañera a su gusto.

Ella se pasaba en el agua no menos de una hora y veinte minutos, jamás la rellenaba de más agua y dejaba que poco a poco la temperatura de su cuerpo y la de la bañera llegaran a un equilibrio al mismo ritmo que sus problemas se iban solucionando. Finalmente, cuando vaciaba la bañera, el agua se llevaba sus preocupaciones por el desagüe.

Siempre he creído que si encuentras tu atmósfera ideal de creación tienes media vida solucionada. Y es que disfrutas a la vez que solucionas tus problemas.

Durante años hice entrevistas en *El Periódico de Catalunya* a gente que creaba y les preguntaba sobre su atmósfera ideal de creación. Recuerdo que un guionista americano muy famoso me contó que él se había comprado un estudio para estar lejos de su familia numerosa mientras escribía, y se había dado cuenta de que no conseguía trabajar nada. A los pocos días averiguó que el sonido de sus cuatro hijos jugando, peleando o riendo era su atmósfera ideal de creación. Sin ese sonido no podía crear.

Es por eso por lo que os incito a que encontréis vuestra atmósfera ideal de creación, porque cuando estéis en ese lugar notaréis cómo por fin vuestro cerebro se siente a gusto y comienza a ayudaros de una manera nunca vista.

Y quien dice un lugar, dice también dos o tres. He conocido a amarillos míos que son tan creativos que tienen hasta diez lugares diferentes donde se sienten en paz.

En mi caso es el agua y las islas, que viene a ser lo mismo. Y no quiero dejar pasar la oportunidad de deciros que a veces vuestra atmósfera ideal de creación no será sólo un lugar, sino también una época del año. Yo aprovecho épocas como la Navidad o la Semana Santa, cuando todo el mundo está de vacaciones, para poder crear o solucionar problemas ya que pienso que las musas están libres y son todas para mí.

Ganas de que me contéis vuestras épocas o lugares de creación.

DECIMOSEXTO SOPLO:

O ENTRAMOS TODOS O NO ENTRA NADIE

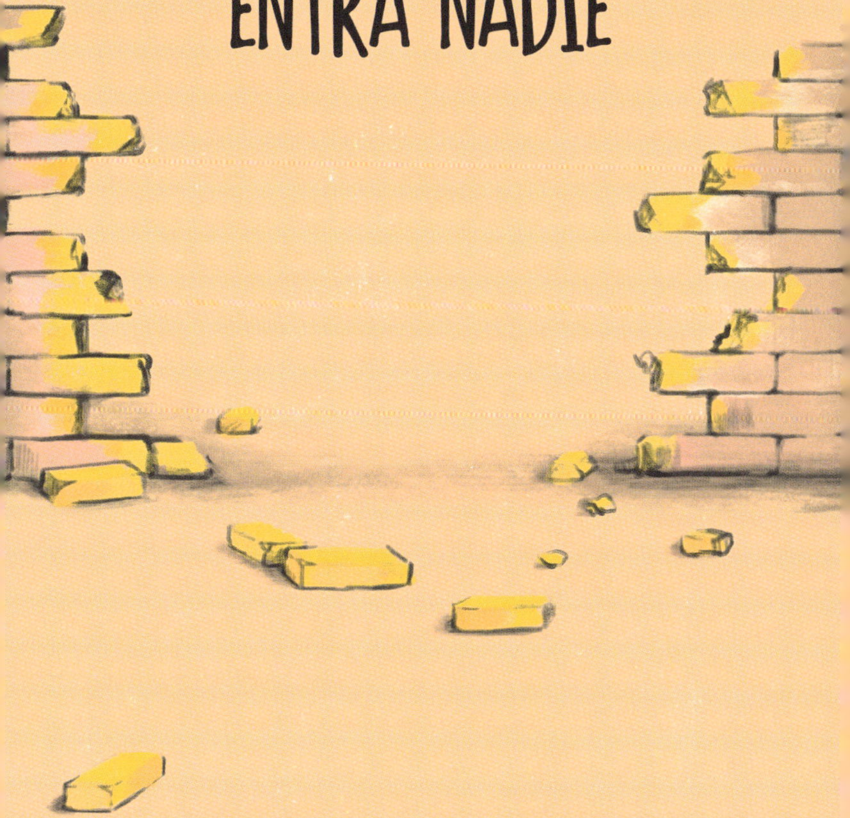

«El único símbolo
de superioridad
que conozco es
la bondad.»

BEETHOVEN

Cuando me rompí la cadera en 2017 supe que entraba en una etapa nueva de mi vida; debía volver a ir en silla de ruedas durante un tiempo, algo que había olvidado desde mis años de adolescencia en los que utilicé la silla exclusivamente en el propio hospital.

Durante esos seis meses en silla tras la fractura de la cadera descubrí las dificultades que encontraba para entrar en muchos lugares. Un simple escalón se convertía en algo insalvable porque, aunque parezca increíble, te impide lograr entrar solo sin la ayuda de alguien y muchas veces no deseas que te ayuden, sino poder entrar como hace el resto de la gente.

Encontré a una chica que llevaba cuarenta años en silla por un accidente escolar y me dijo: «Bienvenido a mi mundo». Lo definió como un mundo de oler y ver culos. Me dijo que algunos culos estaban bien, pero que la mayoría no era agradable tenerlos tan cerca. Me enseñó también una frase que deberíamos aplicar todos: «O entramos todos o no entra nadie».

Me gustó mucho esa frase curativa, me di cuenta de que si los que andábamos decidiéramos no entrar en ningún local con escalones, los negocios se verían obligados a arreglar cualquier «barrera arquitectónica», el nombre políticamente correcto para hablar de escalones y putadas varias para gente que va en silla de ruedas o no ve o no oye.

A los pocos meses yo estaba recuperado y volvía a andar con mi pierna ortopédica, pero me cambié de gimnasio, de restaurantes y hasta de dentista. No deseaba ir a ningún lugar donde tuvieran esos escalones y se lo decía al dueño para que supiera que «o entramos todos o no entra nadie».

Esa frase tiene mucho que ver con ponerte en los pies de otro, en la mirada del prójimo y escuchar el mundo como otras personas.

Aquella chica maravillosa que llevaba años en una silla me enseñó que el resto de la gente también era diferente y tenían su propia minusvalía física y llevaban otras sillas de ruedas. Me explicó que ninguna persona puede ir a ciento veinte kilómetros por hora y por eso necesitan los coches, que no pueden volar y por eso les hace falta coger aviones y tampoco pueden cruzar océanos y por eso tienen que ir en barco.

Me gusta su idea sobre las minusvalías que la gente no sabe que posee y cómo las solucionan de la misma manera que ella hace con su silla de ruedas. Por cierto, la suya se llama *Torpedo* y os puedo asegurar que es muy veloz.

También ella piensa que es triste los que van a toda velocidad con bicicletas y patinetes sin respetar ninguna norma de seguridad y ponen en peligro a gente mayor que puede ser derribada. Considera que son ruidosos que ya tienen una gran movilidad y, aun así, buscan una mayor poniendo en peligro a los que no poseen ninguna. Tiene toda la razón, tu buena movilidad nunca debería poner en peligro mi mala movilidad.

Siempre he creído que comparar tus problemas

con los de otro te hace ver el grosor de los mismos. Soy de la opinión de que hay muchos héroes que aceptan su destino, y no sólo eso: nos ofrecen la oportunidad de aprender de ellos siempre que nos acerquemos sin ningún tipo de compasión.

Yo tengo la suerte de llevar pierna ortopédica y siempre he contado que cada cinco años debo cambiarla, con lo que tengo la suerte de modificar mi forma de andar, y cuando modificas tu forma de caminar, automáticamente lo hace tu risa. Ya son nueve piernas que he llevado en toda mi vida, por lo que he poseído nueve tipos diferentes de risa, y eso es una gran ganancia porque la verdadera cara de la gente aparece cuando ríe y jamás cuando se deja llevar por las preocupaciones mundanas. Si puedes vivir con una sonrisa, por qué vivir sin ella. Hay que romper a reír y a llorar, vale la pena hacerte añicos por esas dos emociones.

Además mucha gente cree que dormimos con la pierna o nadamos con ella. No, siempre que podemos la soltamos. Yo, nada más llegar a un restaurante, me la quito, pero nunca la dejo más lejos de unos pocos centímetros porque la puedo necesitar para marchar rápidamente.

Siempre me ha sorprendido la inteligencia de los niños cuando ven mi pierna en una piscina: se acercan a preguntar y casi siempre viene un padre y les dice que «no molesten al Sr. Cojo». Me gusta lo de «Sr. Cojo» porque me da pedigrí.

Yo respondo que no molestan, que pregunten lo que quieran. Entonces los chavales ven su oportunidad y meten la cabeza en el encaje (donde pongo el muñón), se miden junto a la pierna para saber quién es más alto y me preguntan qué se siente al ser desmontable. Finalmente les cuento cuánto cuesta, que son casi treinta y cinco mil euros, y se quedan muy asombrados. Cuando voy a nadar, siempre les veo dar vueltas alrededor de la pierna y cuando les pregunto qué hacen, me contestan que están vigilando «mi Porsche».

Eso que hacen los niños de forma tan sencilla es ponerse en la piel de otro; en mi caso, en la pierna de otro. Los niños enseguida comprenden y asimilan. Los siguientes días que vuelvo a la piscina ya no prestan atención porque no tienen miedos al haber quedado resueltas sus dudas.

Y todo esto que os cuento es para daros un soplo,

uno muy importante, y es que cada uno de nosotros debemos proporcionar información sobre nuestro momento vital a los otros para que ellos puedan ayudarnos.

Es muy complicado entender el problema de otra persona, ponerse en su piel, en su pie, en su mano y, sobre todo, en su cabeza. Ojalá todo el mundo tuviera un amarillo ciego que le abriera los ojos.

Creo que mucha gente te puede ayudar si sabes resumir tu conflicto en una frase.

Ojalá este soplo haga que te unas a esa revolución que se llama «O entramos todos o no entra nadie».

3
4
5

DECIMOSÉPTIMO SOPLO:

CADA SEIS AÑOS CAMBIARÁ TU VIDA

«La única persona
que necesitas en tu vida
es aquella que demuestre
que te necesita en
la suya.»

OSCAR WILDE

Decidí explicar este soplo un día en que me consultó un lector por e-mail: ¿cuál es el secreto para ser positivo cuando la vida te golpea con fuerza?

Nunca pensé que contaría este soplo porque la persona que me lo enseñó me pidió que tan sólo lo explicara a diez personas en mi vida y cuando viese mi propia muerte cerca. Pero con los años he sentido que no debía ocultar algo que me ha ayudado tanto y por ello decidí pedirle permiso para contarlo.

Fui un día a su tumba, que está en el cementerio parisino de Père Lachaise, el mismo donde está enterrado Oscar Wilde. Y no era una casualidad; ella iba muchas veces a ver esa tumba porque le debía mucho a Oscar después de leer su *De profundis*.

Wilde la salvó cuando la tristeza del desamor la tomó presa con fuerza, y no hay duda de que a la persona que te libra de ese dolor que te impide hacer nada y te nubla los sentidos le estás agradecido el resto de tu vida.

Finalmente aprendió que aquella ruptura era una bendición porque era volar separados o estrellarse juntos. Y es que no es que no tuvieran nada que decirse, sino que ya se habían dicho todo.

Recorrer ese cementerio para ella era una manera de estar cerca de su salvador, pero sobre todo le gustaba aquel lugar porque hay un patio de colegio cerca y siempre se escucha jugar a los niños. Y ella es de las pocas personas que he conocido que opinaba que cuando te vas, pierdes todos los sentidos excepto la capacidad de oír. Así que ella se imaginaba que se pasaría la eternidad escuchando a niños jugando felices y a miles de personas honestas que vendrían a darle las gracias al maestro Wilde por haberlas salvado. No se imaginaba mejor combinación para pasar la eternidad.

Fue una persona increíble y me cuidó siempre cuando estuve enfermo. Era la enfermera más enrollada que he conocido y con la que bailé por última vez a dos piernas. Se disfrazaba cada carnaval para nosotros y siempre me sorprendió porque no eran personajes fáciles de identificar. Recuerdo el día que se disfrazó de Bosie, el amor de Wilde, que le dio todo pero que también se lo arrebató.

Era una mujer increíble que me ofreció normalidad en momentos complicados de mi vida y que siempre me escuchaba y me aconsejaba. Es por eso por lo que fui a su tumba y le pedí que me dejara contar su soplo al mundo. Noté cómo escuchaba mi petición y sentí que me daba permiso, porque de repente un cálido viento recorrió todo el cementerio y estoy seguro de que provenía de su respiración allá donde esté.

Así que, con su permiso, os contaré el secreto de la mejor enfermera que he tenido y que nos cuidaba de una manera tierna. Y una de esas madrugadas me enseñó que: «Todo en esta vida son ciclos de seis años que empiezan y acaban con una gran pérdida o un gran beneficio. Siempre. Al empezar ese ciclo de seis años y al acabarlo, algo grave o positivo pasará y has de estar muy atento, prepararte para ese instante. La vida es aprender a perder lo que ganaste y cada seis años te puede dar una estocada u otorgarte un nuevo bien que un día quizá te vuelva a arrebatar. Y es que cuando crees que conoces todas las respuestas, llega el Universo y te cambia todas las preguntas».

Nos lo contó para que entendiéramos que en nuestra corta vida habíamos empezado a vivir nuestro sexteto. Un sexteto duro porque nos arrebataba piernas, salud e infancia. Pero que vendrían otros que nos devolverían otras cosas y que debíamos saber que aquello que sufríamos no era eterno. Siempre nos dejó divertirnos en el hospital, recorrerlo en silla de ruedas, y nos dijo que no éramos cojos sino cojonudos. Siempre nos repetía que todo lo bueno despeina. Así que siempre íbamos despeinados.

Era tan sabia, tan empática y la echo tanto de menos. La perdí con noventa y cuatro años. Era su último sexteto y el final de su vida. Y coincidió con el inicio de mi tercer sexteto, el más placentero y brutal de mi vida. Nuestros sextetos se acompasaron.

Yo siempre he vivido al día, disfrutando de esas veinticuatro horas como medida de mi felicidad. Pero cuando sumas todos esos días únicos llegas a los seis años. Y sé que cada seis años me pasará algo nuevo que iniciará ese nuevo ciclo.

Puedes olvidarlo y sorprenderte o puedes prepararte y anticiparte.

Yo soy de los que siempre están muy atentos cuando un final de sexteto llega para ver qué ocurre en esos días clave de esos años bisagra. No deseo que me cojan desprevenido.

Por eso soy tremendamente positivo cuando la vida me golpea con fuerza. Y es que sé que comienza un ciclo nuevo de seis años y eso es motivo de felicidad porque el Universo quiere que me modifique, acepte la pérdida y la convierta en una ganancia.

Cuando la vida te golpea con fuerza equivale a un acto de amor del Universo y al inicio de un nuevo ciclo vital. A veces te robará el amor, pero el amor cuando se consume, si no lo abandonas, te consumirá a ti también.

Perder es ganar. Y vivir es aprender a perder lo que ganaste. Jamás tengas miedo. Esos ciclos son la recompensa de vivir y de evolucionar. Un premio por estar vivo tanto tiempo. Yo no debía pasar de mi primer sexteto, así que todos los que vengan serán bienvenidos.

Tan sólo has de buscar tus sextetos. Tienes que saber que no coinciden jamás con tus años, sino que pasará algo clave en algún momento de tu vida, y es entonces cuando el primer sexteto se activa. Puede que comiences con quince años, con veinte o con treinta y dos, pero a partir de ese día, el Universo te dará ciclos en forma de seis años con inicios y finales sorprendentes.

Has de amar formar parte del Universo y de sus ciclos. Somos naturaleza y por ello funcionamos con las reglas del Universo. Formamos parte de la belleza pura de los ciclos de seis años, rotaciones de los planetas que manejan nuestras pérdidas y ganancias.

A mí siempre me sirve repasar mis años bisagra clave para comprender si estoy en el inicio o en el final del sexteto. Estudio muchas veces antiguos sextetos y comprendo qué inició o concluyó aquellos seis años y cómo reaccioné.

Y, sobre todo, intento prepararme para esas pérdidas o ganancias. Tengo un cuaderno entero donde apunto posibles pérdidas que sé que me llegarán e intento comprender de qué modo me afectarán; también tengo anotadas ganancias posibles y cómo poder gestionarlas con inteligencia.

Así que te invito a repasar tu vida y a buscar tus sextetos para prepararte para el siguiente, y si pasas por el Père Lachaise, ve a ver a mi sabia enfermera y dale las gracias, que estoy seguro de que te lo agradecerá. Está a cuatro tumbas del maestro Oscar Wilde.

DECIMOCTAVO SOPLO:

ESTABA PREPARADO PARA TODO MENOS PARA TI

«Un día se nos acabó el negro y nació el impresionismo.»

PIERRE-AUGUSTE RENOIR

En esta vida, un gran soplo que siempre me ha ayudado es entender que hay que buscar menos y dejarse encontrar más.

Siempre van a aparecer muchos problemas, aun sin buscarlos. Al fin y al cabo, un problema es la diferencia entre lo que esperamos y lo que obtenemos en la vida. Por lo tanto, todo puede ser un problema porque una vida es larga y, obviamente, no os hago ningún *spoiler* si os digo que miles de cosas no saldrán como esperamos. Pero el problema que llega sólo es una parte de la vida, lo interesante es cómo te lo tomas.

Decía Albert Einstein que la pregunta más importante que debía responderse una persona es si vive en un universo hostil o amigable. Si crees que es hostil, vivirás con miedo y verás siempre problemas, y el Universo te tratará de la misma manera.

También podéis preguntaros si el mundo es un lugar donde te pasan cosas o donde las buscas, y así se comportará éste contigo.

Sé que puede sonar muy metafórico esto, así que seré más concreto: yo soy de los que creen que aún no he conocido a la persona más importante de mi vida, no se ha cruzado en mi camino, y eso hace que siempre piense cuándo será el instante en que se producirá y lo que significará para mí. Es como esperar que un meteorito humano impacte en tu vida. Aún no lo divisas, pero cuando lo veas e intuyas su trayectoria, sabrás que te reventará todas tus rutinas.

Cuántas veces le he dicho a ese amarillo cuando llega: «Estaba preparado para todo menos para ti». Y es que hay amarillos que son como resortes en tu vida, que te hacen olvidar quién eras y te reconstruyes. Sin embargo, hay que recordar que aunque no has conocido todavía a la persona que te salvará, tampoco has conocido a la que te destrozará. Y a veces esa persona es la misma, así que hay que tenerlo en cuenta. Para mí, ése es quizá uno de los soplos más importantes.

No hay duda de que esas personas que no se esperan son amarillos y su sabiduría te iluminará cuando lleguen. Ahora que lo pienso, ése podría ser el título de este libro: *Estaba preparado para todo menos para ti*, y quizá como subtítulo: *La sabiduría de los amarillos.*

Sé que muchos de vosotros pensaréis que ya no os pasará, que nadie os impactará así, pero eso no es cierto; tan sólo hay que vivir, no hay que olvidar que lo importante es seguir moviéndose, porque todo cruje en esta vida, todo sigue en marcha, y ese crujir dentro de ti lo puedes oír si sigues vivo, y eso tiene que ver no con buscar sino con aceptar que te pasen cosas. La vida es girar pomos.

Si te cierras al mundo, debes recordar que el Universo no presta demasiada atención a los que se desacoplan.

DECIMONOVENO SOPLO:

SER CASCABEL

«No camines delante de mí, puede que no te siga. No camines detrás de mí, puede que no te guíe. Camina junto a mí y sé mi amigo.»

ALBERT CAMUS

Hay personas que son luminosas. Yo uso el verbo «esplender» para definir a las personas que son totalmente de verdad y que no se dejan llevar por ningún tipo de motivación excepto dar luminosidad a otros. Son personas que ven luz donde otros sólo ven sombras.

A los que esplenden yo los llamo «personas cascabel». Las personas cascabel equivalen a ser el amarillo más potente de tu vida, son esos seres humanos que sólo verlos te transmiten su energía.

Su cuerpo, su cara, su voz, su olor y su conversación te activan de una manera que nadie más puede hacer en este mundo. Tener una persona cascabel en tu vida es lo mejor que te puede pasar porque siempre estarás protegido.

Sólo has de vigilar, porque los cascabeles también tienen una doble vertiente: hay personas cascabeles que en realidad se acaban convirtiendo en serpientes de cascabel. Y es que tanta luminosidad puede convertirse en oscuridad, pero es el riesgo que debes correr.

Resulta que cuando conoces a personas tan espectaculares que esplenden, tú mismo te abres y ofreces todos tus secretos. Y puede que al final alguien conozca tus debilidades y se disponga a destruir emocionalmente todo tu mundo de la misma forma que te había construido un Universo entero para ti.

Yo siempre he aceptado el riesgo de introducirlos en mi vida porque la creación que te aportan es mucho mayor que la destrucción que te pueden provocar.

Quizá ya tienes cascabeles cerca pero los denominas «hermanos del alma», «mejores amigos» o simplemente son tu pareja. No importa cómo les llames, para mí los cascabeles son un chute de energía única y un regalo que te da el Universo.

Pero ser muy luminoso también provoca que se te acerquen lobos ruidosos. Personas que quieren destruir tu luz.

Siempre en muchas firmas me he encontrado a personas muy luminosas, que son casi aprendices de cascabel, y siempre les he escrito: «Vigila, que tu luz atraerá a muchos lobos». En esta vida necesitas graduar tu luz para que los cascabeles se acerquen y disuadas a los lobos.

Los lobos son propensos a atacar la felicidad, la ternura o simplemente las exposiciones sinceras. A veces en persona, otras veces ocultos en las redes. Son gente muy oscura, y siempre he pensado que si tienes un cascabel que te protege es como si tuvieras un escudo ante ellos. Los cascabeles siempre vencen a los lobos.

Este soplo espero que os sirva también para entender que en realidad nunca fue culpa vuestra ese dolor que os infligió un lobo o una serpiente de cascabel, sino que fue debido a que en esta vida tener mucha luz puede atraer a ruidosos peligrosos.

Si sois cascabeles sólo os puedo dar las gracias por existir, y que sigáis ayudándonos, porque sois como los llamadores de ángeles: cuando sonáis cerca de nosotros, nos sentimos protegidos y vuestra alegría nos protege.

VIGÉSIMO SOPLO:

DESARMARTE PARA REARMARTE

«Puedes acariciar a la gente con palabras.»

FRANCIS SCOTT FITZGERALD

Quizá lo más complejo en estos tiempos que vivimos sea «desarmarse». Para mí desarmarse no se trata de quitarte un revólver, sino de decidir que saldrás sin móvil a la calle, que no mirarás ninguna red social y que disfrutarás de las conversaciones que te proponga la vida durante veinticuatro horas.

Es difícil desarmarse, pero es la forma más rápida de sanar. Antes, para escuchar tonterías, debías acercarte a gente ruidosa; ahora esa misma gente y sus sonidos se te aparecen a través de las redes. Hasta te pueden enviar un whatsapp desagradable que se cuela dentro de ti aunque no lo desees ni estés preparado emocionalmente para recibirlo.

Las redes sociales se han convertido en un patio de colegio donde se produce *bullying* diariamente.

Uno, como espectador, intenta luchar contra ello, pero son tantas las muestras de acoso, de insultos y de falta de respeto que se esconden ante la tan cacareada libertad de expresión, que acabas necesitando reposo de tonterías que no te aportan nada y te roban mucho tiempo.

Y no quiero decir que no haya gente que no use las redes sabiamente, pero lo cierto es que el coste de estupideces que se te cuelan por la rendija social hace que para mí no valgan la pena. Si sigo en las redes es por la posibilidad de recibir vuestros mensajes; me encanta lo que me contáis y siempre considero un regalo que alguien que no me conoce me cuente parte de su vida y de su dolor.

Pero casi nunca miro *stories* ni sigo hilos y mucho menos me busco a mí mismo. Yo, como todo el mundo, tengo *haters*. Ruidosos que me insultan sin motivo, que me desean la muerte o la desaparición, que critican lo que creo de una manera beligerante y sin sentido.

Tu reputación, como dijo Cary Grant, es una almohada llena de plumas que alguien puede destrozar y lanzar su contenido al viento. Aunque no tengan razón, algo quedará y nunca recuperarás todas las plumas.

Yo por eso no me creo nada de lo que se comenta de terceras personas que no conozco. Y no hablo de nada en concreto, hablo de juzgar a la gente a través de la opinión de un tercero que lo puede odiar por razones incomprensibles. No hay que olvidar que odiar nace de no poder manipular a otros.

A la mierda los que esparcen mierda. Nunca me ha interesado el odio y si me topo alguna vez con algún insulto, les pongo un «me gusta» porque me entusiasma desconcertarlos y además sé que jamás entenderán el motivo de ese «me gusta» dentro de sus cabezas llenas de ruido.

Pero eso ya pasaba antes de las redes. Recuerdo una vez que debía estrenar una obra de teatro pero el día del estreno se puso enfermo un actor y lo tuvimos que posponer. Al día siguiente, un periódico muy conocido había sacado una crítica de mi obra de teatro aunque no se había estrenado. La crítica se cargaba toda la obra aunque no hablaba de la trama ni de los actores, era tan sólo un ataque contra mí. Aquel crítico ya tenía entregada la reseña en el periódico antes de ver la función y deseaba ser el primero en ponerla a parir, pero no calculó que debía llamar a la redacción para anular su publicación.

Nunca he creído en las críticas de ningún tipo. Construir lleva años, destruir lleva minutos. No es justo.

Hace quince años que tengo una columna en *El Periódico de Catalunya* y desde el primer día decidí que sólo recomendaría lo que me apasionara, y si algo no me llena, pues no hablo de eso porque desconozco el proceso que llevó a esa creación y quizá yo no sea su público.

Pero el gran problema es que en las redes el odio no necesita de la verdad y la difamación no necesita de los hechos, lo cual a mí personalmente me molesta mucho.

Es por ello por lo que durante épocas de mi vida intento desarmarme. Alejarme del mundo online, de los móviles, y dejar que sólo me pasen cosas en el mundo real. Y creo mucho en lo bueno del mundo online, pero a veces también pienso que está bien ir desarmado para protegerte.

Además, últimamente en las redes todo el mundo debe vender casi parte de su alma, de su cuerpo, de sus experiencias para lograr que cada *post* sea el más seguido.

Yo soy de los que creen que al final acabarán convirtiéndose en redes porno, no sólo físicamente, sino también mentalmente. Es el paso que falta, ya que al final ya no quedará nada más que mostrar que tus secretos ocultos y tu propio cuerpo desnudo para llamar la atención, porque ya no habrá otra cosa que emocione al mismo nivel. No creo que sea malo que lleguemos a ese extremo porque un cuerpo totalmente desnudo o un alma sin adornos quizá sea lo único que nos devuelva la esencia y entonces serán de nuevo redes sociales.

Un día me gustaría que existiese la red social que falta y a la que me encantaría pertenecer. Una red donde pudieras contar un problema y todo el mundo diera pistas sobre cómo podrías superar ese obstáculo, que te ofrecieran consejos para saber dónde operarte si tienes un mal y hasta caminos que tomar si has perdido a una persona importante. Una red que sirviese para curarte, repleta de soplos para cualquier hora del día o de la noche a través de las experiencias y la sabiduría de otras personas.

Mientras llegue, yo al menos me iré desarmando de todo. Y no es que no crea en el progreso, porque mi generación no tiene nada que envidiar a las posteriores, sabemos tanto de ordenadores y de tecnología como ellos, pero quizá la diferencia sea que conocimos el mundo sin ella y todavía olemos la esencia de aquello que puede ser totalmente auténtico.

No es una crítica a todo lo que es online, es simplemente un soplo necesario para entender que todo lo que pasa allí no es real, no te aporta lo mismo y que si te duele es porque muchas veces la interpretación personal que tú haces de aquello no tiene ese valor que le das.

Yo creo que tal vez la función oculta de las redes sociales sea que pierdas el contacto con las personas y así un día poder venderte los robots que llegarán y que suplirán a esos seres humanos con los que ya no sabes socializar.

Este soplo es para que entiendas que de vez en cuando te has de desarmar, que has de dejar esas redes, has de respirar, no has de creer todo y has de entender que en ocasiones tu dolor sana offline.

Un maestro que tuve en el hospital, que perdió brazos y piernas, y que era un tronco feliz, me enseñó que sólo debía leer periódicos y ver noticias diez minutos al día, y luego que ya no absorbiera más información. Tenía tanta razón...

Si estuviera vivo aquel genio del que tanto aprendí, me diría que dedicase veinte minutos a las redes, al móvil, al WhatsApp, y que luego me desarmase.

Curarse del desamor, del odio y del dolor sin desarmarse es casi imposible.

Desármate para poder rearmarte dentro de ti, y es que a veces estás perdido aunque estés siempre conectado. Soñar no necesita «me gustas» ni tu felicidad, más seguidores que un par de amarillos o cascabeles que te amen.

VIGESIMOPRIMER SOPLO:

COVID, EL APRENDIZAJE TRAS LA PANDEMIA

«Dime y lo olvido,
enséñame y lo recuerdo,
involúcrame
y lo aprendo.»

BENJAMIN FRANKLIN

No quería dejar de hablar de la COVID, creo que todos necesitamos un soplo para superar esta pandemia que nos robó parte de nuestra esencia.

Imagino que cuando el libro salga aún no habremos podido librarnos totalmente de este virus, pero seguramente la luz al final del túnel será más intensa.

Yo creo que viviremos unos nuevos locos años veinte cuando esto acabe y serán todavía más locos que los del siglo anterior porque la gente tiene a su disposición muchos más placeres que hace cien años. Sin duda veremos cómo la gente enloquecerá y se crearán nuevas personalidades que no sabíamos que existían en personas que siempre tuvimos cerca. Y creo que será normal tanta locura porque muchos están fuera de órbita.

Yo tengo un amigo que piensa dormir cada día diez minutos menos hasta recuperar todos esos días perdidos de pandemia.

Sin duda, el día que todo pase, entenderemos lo que perdimos en perspectiva, recordaremos esos meses confinados donde descubrimos nuestro yo más solitario pero a la vez el más auténtico que reside dentro de nosotros.

Yo soy de los que creen que mucha gente habrá encontrado su camino gracias a la pandemia. Tengo un amigo de trece años al que la pandemia trajo la felicidad porque pudo abandonar el colegio en el confinamiento; allí sufría *bullying* diario y había pensado hasta en suicidarse. Estar en su casa con sus padres le trajo la valentía y se atrevió a contar a su familia todo lo que había sufrido. Él siempre dice que pasó de ser un pequeño cobarde a un gran valiente, pero yo le replico que la valentía siempre estuvo dentro de él, aunque hizo falta una pandemia para que la descubriera.

Y es que esta pandemia nos ha traído a la generación más limpia, que más veces se lava las manos de la historia de la humanidad; además, tengo un amigo que me cuenta que desde que lleva mascarilla se ha convertido sorprendentemente en bello. Tiene unas proporciones ideales de ojos, orejas y frente y la gente no para de mirarlo por la calle.

Pero también esta pandemia ha puesto en evidencia la falta de empatía. Cuando todo ocurría en China, nadie sufría y se lo tomaban como si aquello pasase en otro planeta. Espero que esto nos sirva como lección para el futuro.

También hemos descubierto a cientos de miles de caballitos de mar, personas que, como estos peces, hacen ver que no existe el peligro y sólo se dan media vuelta. A esta gente, como os he dicho, no la quiero cerca, porque han demostrado el egoísmo extremo y pienso que en los momentos duros de la vida aparece la verdadera personalidad de cada uno.

Jamás me hubiera esperado que fueran tan absurdos como para no ponerse una simple mascarilla cuando era obligatoria en el pico de la epidemia. Tampoco se le pedía a la gente que salvara vidas estudiando medicina, creando vacunas o cuidando enfermos, tan sólo que hicieran un leve gesto para evitar el dolor de otros.

Siempre pensé que los que no se la ponían eran personas que jamás tendría en mi vida, pero poco a poco descubrí que ya formaban parte de ella. Siempre intenté explicarles que aquel pequeño esfuerzo evitaba que otra persona enfermase. Además, les contaba que hasta nuestro propio culo, si pudiese hablar con nuestra boca, les diría: «Lo tuyo es momentáneo, yo voy siempre tapado por la calle».

Pero la gente que no quiere empatizar con el prójimo siempre encuentra excusas.

Cuando todo se normalice totalmente, extraeré de mi vida a esa gente, será una limpieza de irresponsables que siempre es bueno hacer tras un momento vital intenso. No los quiero cerca de mí porque son puro ruido y lo demostraron en uno de los peores momentos de la humanidad.

Los listos, los aprovechados, los que se vacunan a deshora y los caballitos de mar son personas ruidosas que la pandemia nos ha desvelado, de modo que soltar lastre será una gran ganancia. Siempre he pensado que los que no saben convivir, no deberían vivir cerca de otras personas.

Un celador del hospital, un tipo muy empático que era capaz de salir de la habitación antes de llevar a alguien al quirófano para dejar a la familia que se pudiera despedir con tranquilidad, me dijo una vez que cada generación debe pasar por una crisis económica, una epidemia y una guerra. Y nuestra generación lleva dos de tres.

No existe un soplo a la medida para superar este problema común porque todos habremos perdido cosas muy diferentes. Algunos, personas cercanas; otros, capacidades, y la mayoría, experiencias y compañía. Cada uno deberá construirse su propio soplo a la medida del dolor que haya sufrido.

Por primera vez, que yo recuerde, todos hemos compartido el mismo miedo y hemos tenido situaciones semejantes, lo que hace que en el futuro tengamos que estar muy atentos en cómo lo superan para aprender de ellos y usar los soplos que inventen.

VIGESIMOSEGUNDO SOPLO:

ADELANTARSE A LAS CRISIS

«En tiempos como
éstos, es útil recordar
que siempre ha habido
tiempos como éstos.»

PAUL HARVEY

Hay que adelantarse a las crisis y este libro, como os digo, es mi manera de avanzarme a lo que supondrá la muerte de mi madre.

Y es que ya os lo expliqué cuando hablábamos de los sextetos: poder tener una libreta repleta con las cosas que perderás e intentar saber cómo podrás minimizar su pérdida es algo muy importante.

Digo minimizar porque es imposible evitar que tu mundo explosione. No hablo de escribir pequeñas pérdidas, sino las grandes, aquellas cosas y personas que si desaparecen de tu mundo dejarás de ser tú mismo.

Yo hace años que tengo esa lista de pérdidas casi insuperables y siempre que conozco a alguien que sé que me ayudará o encuentro una isla sanadora o un libro salvador, me lo apunto para recordar dónde puedo ir a buscar mi redención.

También tengo otra lista con cosas que perdí y cómo me sentí. Son dos listas paralelas y una me ayuda a construir la otra.

Realmente adelantarse a las crisis es una medida preventiva que considero importante, es como saber con qué pie chutarías, con qué intensidad y a qué parte de la portería si alguien te diese un último pase en la final de la Copa del Mundo.

También os he de decir que aunque escribas mucho, has de tener claro que las reacciones ante las grandes pérdidas en este mundo son impredecibles.

Cuando murió mi padre no pude estar ni dos horas en aquel tanatorio, no comprendí cómo alguien puede estarse un día entero recibiendo esos consuelos que no necesitas en ese momento. Porque no sólo entierras a tu padre, sino también la parte que creaste para agradarlo.

Me marché a casa a las dos horas y supe que cada

minuto que estuviera en aquel tanatorio sería un día más en sanarme de aquella pérdida. Me puse las canciones de su vida, vi su película preferida y cené en su restaurante favorito. Decidí vivir junto a él pero sin él, sentir su última brisa en solitario y haciendo yo mi propia descompresión.

Recuerdo que aquella noche estaba en el balcón, la calle estaba desierta y escuché cuatro pitidos de claxon; ése era nuestro código privado cuando venía a cuidarme por las noches al hospital. Imagino que fue su manera de decirme que seguía estando cerca de mí. No creo que ese sonido pudiera provenir de otro sitio que de él.

Tardé dieciocho meses en superar su marcha, que para mí es el tiempo mínimo para superar una pérdida importante, y me sacó de ese dolor el libro *Patrimonio*, de Philip Roth, que me llegó por casualidad. No fue buscado sino encontrado.

Así que os deseo suerte con vuestras listas, que tardéis en tachar vuestras pérdidas y que acertéis con vuestros consejos premonitorios.

VIGESIMOTERCER SOPLO:

¿QUÉ HAY DESPUÉS?

«La juventud es feliz
porque tiene la capacidad
de ver la belleza.
Cualquiera que
tenga la capacidad
de ver la belleza
nunca envejece.»

KAFKA

Éste es un soplo importante, a veces el dolor más grande tiene que ver con el que vendrá después de dejar este mundo.

He dudado mucho si incluir este soplo porque realmente intentaré explicar mi visión sobre el final.

En el libro *Todo lo que podríamos haber sido tú y yo si no fuéramos tú y yo* ya expresé parte de mi teoría. Yo soy de los que creen que este planeta Tierra es uno de los que visitaremos en nuestra vida. Creo que ésta es nuestra segunda vida y que en cada vida vamos a otros lugares donde tenemos otros dones y otras inteligencias. Por eso hay gente tan especial en nuestro planeta, ya que el Universo se confunde y da dones maravillosos a personas cuando aún no les toca. De ahí que existan esas obras de arte, esas esculturas, esas pinturas, esos descubrimientos, esa bondad, esa alegría que parece de otro planeta.

Me gusta esa idea de progresar en planetas y en dones. Creo realmente en esa idea de morir y nacer siete veces más.

Y os preguntaréis qué hay después del último planeta que visitemos. Para mí, la respuesta es que puedes volver al planeta que prefieras y revivir para siempre vidas y vidas en bucle.

Creo que somos semillas con alma que nos vamos trasplantando en cuerpos, que vamos aprendiendo y nos vamos haciendo cada vez más empáticos y más fuertes.

También creo que es posible comunicarse con los que se fueron; parte de esas extrañas casualidades de las que hablábamos y que tienen su ley propia es la forma con la que nuestros antepasados se comunican desde otros planetas.

Si existe, y yo creo en ello, debe ser un viaje maravilloso y tengo muchas ganas de iniciarlo.

Sé que muchos de vosotros leeréis esto y pensaréis que estoy equivocado. No pasa nada. Lo importante de este soplo es que creáis en algo que os sirva para no tener miedo a ese final y que os dé paz. Es importante creer en algo, aunque sea en nada, pero que te dé tranquilidad para no pensar mucho en ello.

Amarillos, aquí acaban estos 23 soplos en forma de consejos o inspiraciones.

A partir de aquí deseo añadiros algunos más en otro formato de lista, pero que para mí tienen tanta fuerza como lo anteriormente escrito.

Deseo que os sirvan, que los mezcléis y os activen el camino para encontrar nuevamente vuestra alegría o potenciarla aún más.

SOPLOS VISUALES, LITERARIOS Y SONOROS

Como os he dicho, antes de dejaros marchar quiero mostraros todas las listas prometidas a lo largo del libro.

Son soplos visuales, literarios y sonoros. No dejan de ser mis libros, mis canciones, mis obras de arte y mis películas preferidas para sanar (no mis favoritas); éstas son las que siempre me sacan de cualquier problema instantáneamente porque tienen una energía que me sacude y me hacen crujir.

Recuerdo que mientras escribía *Lo mejor de ir es volver* pensé en aquel marido psicólogo de la protagonista, el que creía en la literatura curativa y en cómo le aconsejó de qué modo superar las pérdidas a través de libros sanadores.

Y cuando acabé de escribir ese libro, uno de mis

favoritos, mucha gente me preguntó por esa lista de libros. Creo que fue ese día cuando se me ocurrió crear estas listas que, como no podía ser de otra manera, tienen 23 candidatos.

Espero que todos estos soplos que vienen a continuación puedan ser escuchados, leídos, mirados y sentidos por vosotros. Para mí son absolutamente curativos y activan en mí algo único, por lo que intento disfrutarlos muy a menudo. Viajo para ver las obras de arte, visiono las películas, leo los libros y escucho las canciones en bucle que activan mi alegría.

Yo soy de los que piensan que los médicos deberían recetar cine, canciones, obras de arte, libros y cualquier cosa que provoque una cura instantánea ante esa belleza que pueden provocarte ciertos fotogramas, algunas líneas y muchas formas perfectas en mármol o hierro.

Deseo que vosotros me enviéis vuestras listas de soplos, ya sean cortas o largas, porque cada uno tiene la suya propia y regalarla a alguien es como ofrecerle cápsulas de vida.

También me gustaría escucharos algún día cómo deletreáis una palabra; soy de los que creen que la gente dice «I de Ischia» o «S de silbido» y cada una de esas palabras no dejan de ser pasiones personales que lo definen a la perfección.

Yo siempre digo «A de amarillo» y «S de soplo».

PELÍCULAS Y SERIES CON SOPLO INSERTADO

1. *El padrino I*, escrita por Mario Puzo y Francis Ford Coppola.

2. *Devs*, creada por Alex Garland.

3. *Los juncos salvajes*, escrita por André Téchiné, Olivier Massart y Gilles Taurand.

4. *El otro lado de la vida*, escrita por Billy Bob Thornton.

5. *Mi Idaho privado*, escrita por Gus Van Sant.

6. *Verano azul*, creada por Antonio Mercero, Horacio Valcárcel y José Ángel Rodero.

7. *Cinco en familia*, creada por Christopher Keyser y Amy Lippman.

8. *El fin del romance*, escrita por Neil Jordan.

9. *Tierras de penumbra*, escrita por William Nicholson.

10. *El talento de Mr. Ripley*, escrita por Anthony Minghella.

11. *Forrest Gump*, escrita por Eric Roth.

12. *Todo en un día*, escrita por John Hughes.

13. *Alguien voló sobre el nido del cuco*, escrita por Bo Goldman y Lawrence Hauben.

14. *Más allá de la realidad*, escrita por Nick Castle.

15. *Noviembre dulce*, escrita por Kurt Voelker.

16. *Rebeldes*, escrita por Kathleen Rowell.

17. *Horizontes de grandeza*, escrita por James R. Webb y Sy Bartlett.

18. *Regreso al futuro*, escrita por Robert Zemeckis y Bob Gale.

19. *Boys don't cry*, escrita por Kimberly Peirce.

20. *Rocco y sus hermanos*, escrita por Luchino Visconti y Suso Cecchi D'Amico.

21. *Muerte en Venecia*, escrita por Luchino Visconti y Nicola Badalucco.

22. *La bahía de los ángeles*, escrita por Jacques Demy.

23. *Fuego en el cuerpo*, escrita por Lawrence Kasdan.

CANCIONES CON MUCHO SOPLO

1. *Stereotypes*, de Blur.

2. *Twist and Shout*, de The Beatles.

3. *Who wants to live forever*, de The Queen.

4. *La mia canzone al vento*, de Pavarotti.

5. *Vota Grillo*, de Opa Cupa.

6. *Tutt'al più* , de Patty Pravo.

7. *No me pidas que te bese porque te besaré*, de Macaco.

8. *Me olvidé de vivir*, de Julio Iglesias.

9. *Stay Gold*, de Stevie Wonder.
10. *Stop in the Name of Love*, de The Supremes.
11. *When the Party's Over*, de Billie Eilish.
12. *Star of Bethlehem*, de John Williams.
13. *Lucas*, de Luz Casal.
14. *General*, de Patxi Andión.
15. *Una estrella en mi jardín*, de Mari Trini.
16. *Life is Live*, de Opus.
17. *Blue Moon*, de Elvis Presley.
18. *Someone Like You*, de Adele.
19. *Azzurro*, de Adriano Celentano.
20. *La petite fille de la mer*, de Vangelis.

21. *Aquellas pequeñas cosas*, de Joan Manuel Serrat.

22. *Modern Love*, de David Bowie.

23. *Smooth Criminal*, de Michael Jackson.

SOPLOS CON FORMA DE OBRAS DE ARTE

1. *Winter Garden*, de Van Gogh.

2. *Paisaje y mariposas*, de Dalí.

3. *The Critics*, de Henry Scott Tuke.

4. *Huyendo de la crítica*, de Pere Borrell.

5. *La pierna*, de Giacometti.

6. *La dent*, de Robert Doisneau.

7. *Hombre desnudo sentado en el suelo con una pierna extendida*, de Rembrandt.

8. *Infancia supervisada*, de Max Liebermann.

9. *Trazos en la arena*, de Sorolla.

10. *Bañistas en Asnières*, de Georges Seurat.

11. *El pequeño parisino*, de Willy Ronis.

12. *Jameos del Agua*, de César Manrique.

13. *El ídolo eterno*, de Rodin.

14. *Newsies at the Skeeter's Branch*, de Lewis Hine.

15. *Le Lit*, de Toulouse-Lautrec.

16. *Joven en cuclillas*, de Miguel Ángel.

17. *La vida*, de Picasso.

18. *La grande valse*, de Camille Claudel.

19. *Mothers*, de Käthe Kollwitz.

20. *Fauno*, Barberini.

21. *Young Boy Ready to Play Baseball*, de Vivian Maier.

22. *Habitación de hotel*, de Edward Hopper.

23. *Escena de verano*, de Frédéric Bazille.

LIBROS CON SOPLO

1. *Las cuatro estaciones*, de Stephen King.
2. *Lo que no tiene nombre*, de Piedad Bonnett.
3. *Matar a un ruiseñor*, de Harper Lee.
4. *Intimidad*, de Hanif Kureishi.
5. *El hombre que plantaba árboles*, de Jean Giono.
6. *Patrimonio*, de Philip Roth.
7. *El guardián entre el centeno*, de J. D. Salinger.
8. *Martes con mi viejo profesor*, de Mitch Albom.

9. *De profundis*, de Oscar Wilde.

10. *El temblor de la falsificación*, de Patricia Highsmith.

11. *Muerte en Venecia*, de Thomas Mann.

12. *De qué hablo cuando hablo de escribir*, de Haruki Murakami.

13. *El último encuentro*, de Sándor Márai.

14. *Muerte de un viajante*, de Arthur Miller.

15. *Un día en el atardecer del mundo*, de William Saroyan.

16. *Una pena en observación*, de C. S. Lewis.

17. *Así se hacen las películas*, de Sidney Lumet.

18. *El cine según Hitchcock*, de François Truffaut.

19. *El gran número. Fin y principio y otros poemas*, de Wisława Szymborska.

20. *Todo en su sitio*, de Oliver Sacks.

21. *Mortal y rosa*, de Francisco Umbral.

22. *El aula voladora*, de Erich Kästner.

23. *Miscelánea original de Schott*, de Ben Schott.

UNA FÁBULA CON SOPLO DENTRO

No deseaba finalizar sin escribiros una fábula, la aprendí hace años de esa mujer maravillosa que está enterrada en París y que tanto me cuidó en mi primer hospital. Siempre me contaba esta historia en las noches complicadas. Siempre me la había guardado para mí y no la había compartido con nadie, pero pienso que es un bello final para este libro. Espero que os guste tanto como a mí.

Ella llamaba a la fábula «Tu mundo, mi Universo». No se me ocurriría un título mejor ni me atrevería a cambiarlo. Me acompañó durante años complicados y tenía propiedades curativas. Cuando perdí a aquella amarilla intensa, siempre intentaba leer su fábula una vez al mes y así me sentía acompañado por ella y escuchaba su voz dentro de mí.

Espero que la disfrutéis.

TU MUNDO, MI UNIVERSO

«Si crees en los sueños,
ellos se crearán.
El creer y el crear
están a una letra
de distancia.»

Érase un chico que nació y medía y pesaba mucho. A los pocos años, su cabeza casi rozaba el final del Planeta y sus brazos salían del país en el que vivía.

Toda la gente comenzó a asustarse, era demasiado diferente en aquel Planeta en el que todos medían tan poco. Cuando andaba, todos temían que los pisase, y cuando comía, dejaba sin alimento a todo el Continente.

Decidieron regalarle una isla entera, la más gigantesca de todo el Planeta, para que viviera solo allí, pero el pobre chico no dejaba de crecer, cada vez pesaba más y la isla donde vivía se fue hundiendo hasta que él decidió nadar y en pocas brazadas volvió a su ciudad natal.

Todo el Planeta se reunió y decidieron que aquel ser no podía vivir junto a ellos. Le construyeron un traje espacial gigantesco y le pidieron que de un salto se marchara de allí.

Y él lo hizo, aceptó, se despidió de sus pequeños padres y de un salto desapareció del Planeta. No le apetecía hacerlo, pero sabía que su hambre voraz y sus ganas de jugar y saltar acabarían con su mundo natal.

El Planeta entero suspiró de alivio cuando le vieron marchar, pero también dejó un gran vacío. Se habían acostumbrado a su enorme figura y su risa estruendosa que hacía resonar ese mundo y provocaba tormentas. Una gran sequía y un gran silencio azotaron a aquel Planeta tras su marcha. Sin él, ahora todo era triste, sencillo, rutinario y normal.

Nuestro héroe fue vagando por el espacio. Buscaba un planeta grande donde pasar su vida a sus anchas. Estuvo muchos meses a la deriva, de sistema en sistema, vio casi quinientos planetas, pero todos estaban deshabitados, eran minúsculos y pensar en la soledad que sufriría hacía que ni tan siquiera se planteara aterrizar en ellos.

Fue pasando el tiempo y temía que aquella enorme bombona que ocupaba miles de estadios de fútbol y que le habían construido se quedara sin oxígeno.

Pero cuando parecía que su fin estaba cercano, de repente apareció el Planeta ideal. Era enorme, era azul, estaba en un sistema solar y hasta tenía una bella y gigantesca Luna cerca.

Llegó a toda velocidad, usando toda la propulsión y fuerza de su cuerpo, y se dejó caer hasta llegar a la superficie del Planeta usando un paracaídas enorme que le habían construido. Enseguida se dio cuenta de que aquel increíble lugar estaba habitado.

Había ríos, mares y un montón de personas como él. Todos eran gigantescos, medían dos metros pero no lo parecía porque aquel Planeta era perfecto para sus medidas y hasta diría que parecían pequeñitos.

Decidió instalarse en una ciudad que se llamaba Barcelona y enseguida tuvo muchos amarillos. Se dio cuenta de una gran verdad que había olvidado: cuando encuentras tu lugar en el mundo, lo reconoces al instante.

Y él no sólo había encontrado su mundo, sino un Universo para ser él mismo con su propio caos.

Quizá, si no encajas, sea porque tu mundo se te ha quedado pequeño y debas aventurarte a descubrir otros Universos.

EPÍLOGO

Espero y deseo que os hayan servido todos estos soplos, este botiquín emocional que he creado.

Si ha sido así, si habéis recortado un poco de una parte o de otra y os ha producido efecto, por favor, contádmelo. Me entusiasmará saber que os ha servido y de qué manera. Os dejo el mismo e-mail que ya os presté en *El mundo amarillo*: albert19@telefonica.net

Ojalá este libro os sirva para el resto de vuestra vida, podáis coger o arrancar siempre partes de él, lo podáis regalar a las personas que amáis y que se encuentran en problemas para que les produzca un alivio inmediato.

Para mí escribirlo ha sido muy especial y deseo que siempre lo tengáis cerca y lo podáis disfrutar. He cerrado una etapa que necesitaba finalizar y ojalá encuentre en la siguiente puerta un nuevo pomo que girar.

Espero ansioso vuestros soplos y, si me los regaláis, prometo ir poniéndolos en próximas ediciones y que construyamos conjuntamente nuevas medicinas para el alma.

Gracias de corazón por este instante que hemos vivido juntos, vosotros desde vuestro lugar favorito leyendo y yo desde el mío escribiendo. Estas últimas líneas las escribo mojado tras salir de una de mis atmósferas ideales de creación.

Os dejaré después de este epílogo, como os prometí, unas páginas en blanco para que podáis escribir lo que deseéis, quizá unas líneas para regalar este libro a alguien que queráis que lo lea o para que añadáis algún soplo de vuestra cosecha.

Como hablamos en un capítulo, podéis recortar esa hoja y que se convierta en una misiva para alguien que apreciáis y que queréis que reciba parte de este espíritu de botiquín de soplos que curan el alma y que son parte de la sabiduría de cientos de amarillos.

Os quiero, lectores, nos veremos pronto en las firmas, nos abrazaremos y nos sanaremos mutuamente.

ALBERT
Atmósfera Ideal de Creación,
septiembre de 2021

TUS SOPLOS PERSONALES

DESCUBRE LOS OTROS LIBROS DE ALBERT

SI NECESITAS VIVIR EMOCIONES ÚNICAS

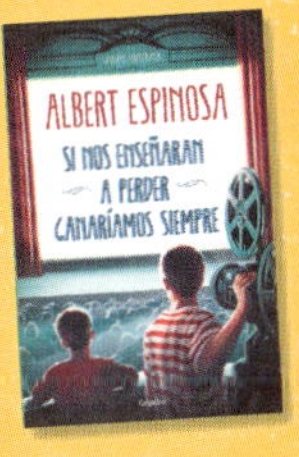

SI TE HAN TRAICIONADO

SI TE GUSTA LO INESPERADO

SI QUIERES SABER QUÉ TE DEPARA EL MUNDO

SI HAS PERDIDO A ALGUIEN IMPORTANTE

SI CREES EN LOS SUEÑOS

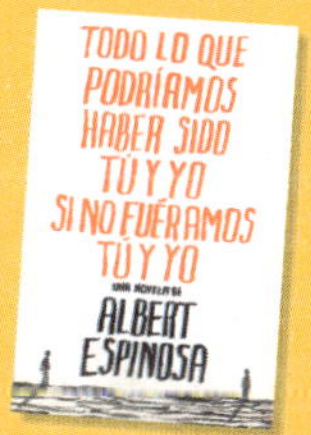

SI ESTÁS PASANDO UNA MALA RACHA

SI BUSCAS UNA HISTORIA DE AMOR

SI NO TE IMPORTA LO QUE OPINEN

SI ESTÁS BUSCANDO A ALGUIEN ESPECIAL

¡Y no te pierdas las últimas novedades del autor!

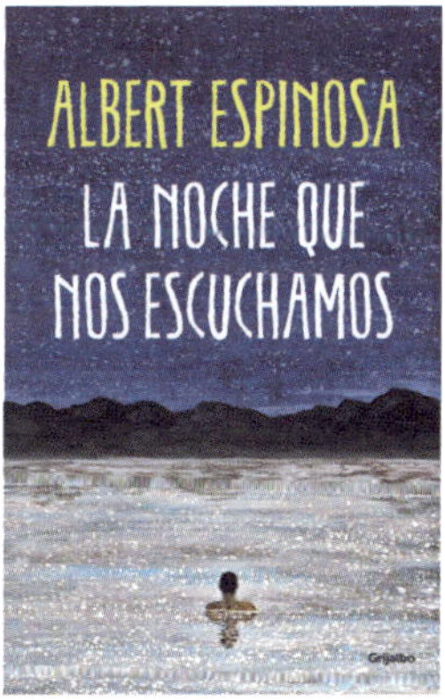

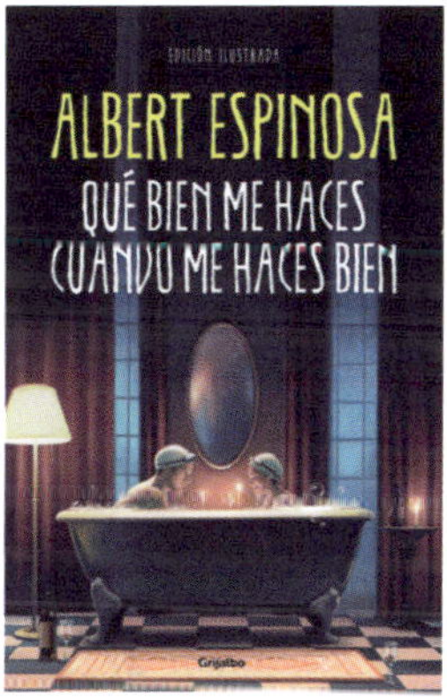